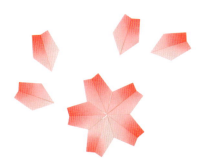

はり絵 折り紙 12か月
子ども達が遊ぶ懐かしい風景

朝日 勇
Isamu Asahi

日貿出版社

はじめに

　美しい自然に囲まれて暮らしている私達。そこには冷暖寒暑、晴雨曇天などの気象変化があり、四季折々の光と風、豊かな風物に恵まれています。

　加えて、多くの年中行事がほどよく絡み合いながら、私達の日常生活に精神的な潤いや豊かさをもたらしてくれております。

　主だったものに目をやれば、年の初めの正月行事、次いで優雅なひな祭り、華やかな桜の花見から五月の節句、七夕と続き、年の後半に入れば、中秋の名月や収穫風景、落ち葉の時期の風情なども見られ、年末に至れば、あの賑々しい酉の市の様子が浮かんできます。

　あの日あの時、あんなこと、こんなこと…。静かに流れゆく時の一瞬一瞬を振り返り見れば、その折ならではの懐かしく思い出深いいくつかの情景がよみがえってくることでしょう。

　私の「はり絵折り紙」は、折り紙のパーツを台紙に貼って、1枚の「絵」をつくり上げるものです。もともと絵を描くのが好きで、絵本やデザインにも興味があったことから、折り紙を使って心に思い描いた「絵」を表現したいと考え、長年にわたり作品を創作してまいりました。

　本書では、うつりかわる日本の四季の中、子ども達が遊ぶ懐かしい風景をテーマとして、色紙作品23点を収録しました。ほかに、作品で使っているパーツを応用した簡単な作例も掲載しておりますので、まずは手軽に「はり絵折り紙」を楽しんでみていただければ幸いです。

　本書でご紹介する作品世界が、あなたの心の中の大切な思い出や郷愁と響き合い、さらに楽しい折り紙時間へと展開してくれたなら…と願っております。

　2018年7月

　　　　　　　　　　　　　　　　　　　　　　　　　朝日　勇

目次 Contents

		写真	折り図
はじめに			2
1月	初日の出	4	48
	新春のはしご乗り	5	54
2月	夜の観梅	8	59
	節分	9	62
3月	ひな祭り	10	68
	桃の花	11	70
4月	花筏	12	71
	枝垂れ虹桜	13	74
	菜の花畑	14	76
5月	茶摘みの頃に	16	79
	子どもの日	17	82
6月	川遊び	18	84
7月	夕涼み	20	88
	飾り七夕	21	91
	かみなり	22	95
8月	川岸花火	28	99
	夢の島	29	102
9月	新種のぶどう	32	106
	きのこ狩り	33	107
10月	秋の収穫	34	111
	落ち葉のささやき	35	116
11月	酉の市	38	120
12月	クリスマス	39	125

〈1月　応用作例〉
年賀状(梅と松)／年賀状(門松)／年賀状(鯛)　6
お正月の祝い飾り／梅と扇　7

〈3月　応用作例〉
おひなさま　11

〈4月　春の花々〉
桜のウェルカムボード／藤棚／水仙　15

〈6月　夏の花々〉
つゆ草／あじさい　19

〈7月　応用作例〉
暑中見舞い(ヤシの木)／暑中見舞い(金魚)　23

〈8月　応用作例〉
花火の壁面飾り　30

〈9月　応用作例〉
秋のメッセージボード　36

〈10月　応用作例〉
木の葉のフレーム／木の葉のしおり　37

〈12月　応用作例〉
クリスマスの壁面飾り　40

折り方の記号　46
本書の見方について　47

はり絵折り紙を楽しみましょう①　24
　作品づくりの手順　24
　はり絵折り紙の用具・材料　25
　簡単な作品をつくってみましょう　26

はり絵折り紙を楽しみましょう②　42
　構図について　42
　配色について　43
　パーツの配置と配色の応用　45
　パーツの組み合わせいろいろ　45

初日の出 >>p.48
光あふれる新春は、遊び心が騒ぎ出します。凧揚げ、羽根つき、こま回し…。
大きな木に登って得意そうないたずらっ子と、ちょっと心配そうに下で見守る女の子達。
懐かしいお正月のひとこまを折り紙で描き出してみました。

新春のはしご乗り >>p.54
新春の恒例行事、出初め式。おめでたい「はしご乗り」を、今日は子ども達が演じます。
ピンクと緑の丸い飾りは、豊作を願う「もち花」。門松やはしごの上に散らして、画面に華やかさを添えました。

年賀状（梅と松）
梅の花（大） 3cm角　>>p.59
梅の花（小） 7.5cmの1/4角
松葉　5cm角を半分に切った長方形　>>p.50
台紙（葉書）14×10cm
※梅の花芯と黄色い花はクラフトパンチを使用。

年賀状（鯛）
鯛　7.5cm角　>>p.120
市松飾り　7.5cmの1/2角　>>p.123
台紙（葉書）14×10cm
※鯛の目は金色の丸いシール（直径9mm）を使用。

年賀状（門松）
門松　7.5cm角　>>p.54
子ども　7.5cmの1/2角　>>p.48
もち花　7.5cmの1/4角　>>p.58
台紙（葉書）14×10cm

正月の祝飾り
祝い鶴　24cm角　>>p.121
亀　7.5cm角　>>p.122
花の飾り　7.5cm角　>>p.124
市松飾り　7.5cmの1/2角　>>p.123
松葉(大)　15cm角を半分に切った長方形　>>p.50
松葉(小)　7.5cm角を半分に切った長方形
梅の花　7.5cmの1/2角　>>p.59
台紙(色画用紙)　27.5×39.4cm
「福寿」を貼った紙　7.5cm角を2枚重ねる
※梅の花芯は金色の丸いシール(直径3mm)を使用。

梅と扇
扇　6cm角　>>p.57
梅の花　7.5cmの1/2角　>>p.59
台紙(ミニ色紙)　13.5×12cm
※梅の花芯は金色の丸いシール(直径5mm)を使用。

夜の観梅 >>p.59
夜のお花見はちょっとした冒険。近所の子ども達が誘い合わせて出かけます。
宵闇の中ほのかに浮き上がる梅の花に、しばし見とれた後、夜気の寒さに耐えきれず、急いで家路につきました。

節分 >>p.62
庭に敷物を広げて、今日はおままごとの豆まきです。
鬼のお面をかぶった男の子に、お多福のお面をかぶった女の子達がしきりに豆をぶつけます。
ふと家の方に目をやると、なんと本物の鬼達が逃げ出すところ…。

ひな祭り >>p.68

お内裏様と三人官女、五人囃子の三段飾りを大きな花の輪で囲み、
右下には、うれしそうに踊る女の子達を配しました。
お内裏様の後ろには金紙で金屏風を。段飾りの下にも、きれいな模様の紙を貼ると雰囲気が出ます。

桃の花 >>p.70

この作品では桃の花が主役。手前に大きく4本の枝を入れた大胆な構図です。
左の枝の花は、ぼかし入りの折り紙で折っているので、花びらが濃いピンク、
花芯の部分が淡いピンクになっています。

応用作例

おひなさま

おひなさまA　15cm角　>>p.68
桃の花(大)　3cm角　>>p.70
桃の花(小)　7.5cmの1/4角
台紙　21×29.7cm(A4)

花筏 >>p.71

桜の花びらが散って川面にかたまり、帯のように流れるさまを筏に見立てたのが「花筏」。このことばから
イメージをふくらませて、桜吹雪の中、子ども達に筏遊びをさせてみました。筏を追うように流れる花びらと、
岩や草のまわりに漂う花びら。動きに変化をつけることが、絵づくりのポイントです。

枝垂れ虹桜 >>p.74

五色の桜とたんぽぽの間で遊ぶ、花の精のような子ども達。
満開の桜が、ひととき見せてくれた夢の中の景色です。

菜の花畑 >>p.76
春のそよ風が菜の花の甘い香りを乗せて吹く頃、菜の花畑は一面黄色いカーペットにおおわれます。
菜の花を思い切って大きくすることで、遠くから駈けてくる子ども達との間の距離感を表現しました。

春の花々

桜のウェルカムボード
桜B(大)　3cm　>>p.74
桜B(小)　7.5cmの1/4角
台紙　25.7×36.4cm(B4)

藤棚　>>p.78
花(大)　7.5cm角　　花(中)　6cm角
花(小)　5cm角　　花(極小)　7.5cmの1/2角
葉(大)　7.5cmの1/4角　　葉(中)　6cm角
葉(小)　5cm角　　子ども　7.5cm角　>>p.48
草A　7.5cmの1/2角　>>p.52　　台紙　35×17.5cm

水仙　>>p.77
花　7.5cmの1/4角
葉　7.5cmの1/2角
茎は葉を巻くように折ったもの
台紙(ミニ色紙)　13.5×12cm
※花は「星B」を応用し、花芯には2穴のパンチで抜いた紙を貼る。葉は「柳の葉」の角をもっと鋭く折る。

茶摘みの頃に >>p.79
野山が緑の濃淡におおわれる季節、茶畑は茶摘み仕事で大忙し。
上の方に金色の山の模様が描かれた色紙を見つけ、それを生かして構図を組み立てました。
お茶の木の丸いかたまりは、一列ごとに緑色に変化をつけ、奥行きを出しています。

子どもの日 >>p.82

今日は子どもの日。川辺を散歩している子ども達も、川の中の子鯉も、
空をスイスイ泳いでいる鯉のぼりまでも、頭にかぶとをかぶっています。
背景の木々は、濃淡2色の緑色の紙を貼り合わせて折ることで、光の陰影を表しました。

川遊び >>p.84
林の中を流れる浅い小川に見え隠れする魚達。
川に入った子ども達が近づくと、あっという間に逃げて行きます。
あわてて落とした風車も、魚と一緒に川下へ…。

つゆ草 >>p.85
花　7.5cm角
葉　7.5cmの1/2角
台紙(色紙)　21×18cm

夏の花々

あじさい >>p.86
花(大)　7.5cm角
花(小)　5cm角
葉(大)　7.5cm角
葉(中)　5cm角
葉(小)　7.5cmの1/2角
台紙　31×44cm

夕涼み >>p.88
一番星が光る頃、うちわを手にした子ども達が、縁台を囲んで夕涼み。
涼しげに鳴る風鈴を見上げると…おやおや、模様の絵の金魚が、夕空に泳ぎ出しましたよ。

飾り七夕 >>p.91

七夕の夜の情景を、夜空を思わせる藍色の色紙の上に描き出しました。
笹の葉は下の葉を濃い緑、上の葉を明るい緑の紙で折って、立体感を出しています。
七夕飾りはいろいろな形を自由に組み合わせると楽しいですよ。

21

かみなり >>p.95
楽しい野遊びの最中、突然のかみなりに、あわてて逃げ出す子ども達。
いなづまは、ねじるように折り出した四つの形を組み合わせました。
子どもの足は、走っている形に変型させています。

応用作例

暑中見舞い(ヤシの木)
太陽　2.5cm角　**>>p.52**
ヤシの葉　7.5cmの1/2角　**>>p.104**
島の子ども　7.5cmの1/2角　**>>p.102**
台紙(葉書)14×10cm
※ヤシの木の幹は紙を切ったもの

暑中見舞い(金魚)
金魚　7.5cmの1/2角　**>>p.88**
台紙(葉書)14×10cm
※藻と泡はクラフトパンチを使用。

はり絵折り紙を楽しみましょう ❶

作品づくりの手順

1 構成を考える
①作品のテーマを決める（季節の風物、花や植物、物語の1シーンなど）。
②テーマに合わせて主役、脇役、背景などを考える。
③台紙と、折り紙のパーツの種類・大きさ・色を考える。
④だいたいの構図と配置を考える。

2 簡単な下絵を描く
台紙とは別の紙に、鉛筆やペンで、画面のイメージを簡単にデッサンしておきます。

p.12「花筏」の下絵

3 パーツのサンプルを作る
最初に、使おうと思っているパーツのサンプルを、それぞれ数点ずつ作ります。イメージに合わせて、大きさや色を変えて試作を繰り返し、実際に使うパーツの種類・大きさ・色を決めます。

4 台紙にパーツを置いてみる
下絵をもとに、台紙の上にパーツのサンプルを置いてみます。イメージに合わない場合は、構図や配置の仕方を変え、最終的に画面をしっかりと構成します。この段階で、必要なパーツの数が、ほぼ決まります。

p.9「節分」の下絵

5 パーツを折る。
必要な数よりも、少し多めに折っておきましょう。貼っている途中でパーツが足りなくなることもあります。

6 パーツを糊づけする
4で決めた画面構成に従い、台紙にパーツを貼っていきます。貼っていく過程で新しいアイディアがわいてきたら、アレンジをするのも楽しいものです。

パーツの数が多い場合は、種類ごとにチャックつきの小袋に入れておくと便利です。

はり絵折り紙の用具・材料

基本的に、折り紙、台紙、糊、はさみがあれば、始めることができます。
その他の用具・材料は、必要に応じて足していくとよいでしょう。

基本の用具・材料

紙 普通の折り紙用紙のほか、様々な模様つきの折り紙や千代紙、きれいな包装紙など、いろいろ使ってみて下さい。

はさみ 折り紙や台紙を切るのに使います。

台紙 色画用紙や色紙、ミニ色紙、葉書など、作りたい作品に合わせて台紙の大きさを選びましょう。

定規 紙を切る時に大きさを測ります。

糊 乾きが速くてきれいに貼れる木工用ボンドが便利。厚紙や小皿の上に少しだけ出しておき、つまようじで取ってつけると、つけすぎて失敗することがありません。

あると便利なもの

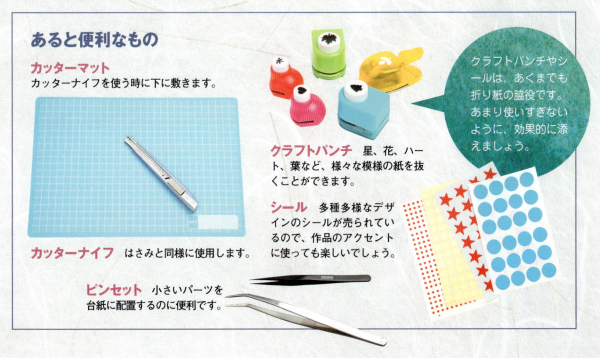

カッターマット カッターナイフを使う時に下に敷きます。

カッターナイフ はさみと同様に使用します。

クラフトパンチ 星、花、ハート、葉など、様々な模様の紙を抜くことができます。

シール 多種多様なデザインのシールが売られているので、作品のアクセントに使っても楽しいでしょう。

ピンセット 小さいパーツを台紙に配置するのに便利です。

クラフトパンチやシールは、あくまでも折り紙の脇役です。あまり使いすぎないように、効果的に添えましょう。

簡単な作品をつくってみましょう

朝顔をモチーフにした暑中見舞いです。
花の大きさや色に変化をつけて、カラフルに仕上げましょう。

朝顔 >>p.97
花(大)　5cm角
花(小)　7.5cmの1/2角
葉(大)　7.5cmの1/2角
葉(小)　3cm角
台紙(葉書)　14×10cm

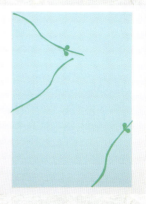

1 構成を決めて簡単な下絵を描く。

2 水色の葉書に、緑色の折り紙を細く切ったつると、パンチで抜いた小さい葉を貼っておく。

3 必要なパーツをすべて折る。

4 パーツを葉書の上に配置して、全体のバランスを見る。

5 パーツの裏に糊(木工用ボンド)をつけて、パーツを1枚ずつ貼っていく。

6 最初に貼ったつるとの位置関係に気をつけながら丁寧に貼る。

7 すべて貼り終えたら、メッセージを書いて仕上げる。

> 折り紙を貼った葉書は、はがれないように封筒に入れて送ることをおすすめします。たくさん出したい時には、写真を撮ってプリントしてもよいでしょう。

きれいに折るコツ

仕上がりをきれいにするためには、一つ一つの折り目を、しっかり正確につけることが重要です。

指でアイロンをかけるように、折り目をしっかりつける。

定規やヘラなどを使うのも、おすすめ。

きれいに貼るコツ

糊をつけすぎると、はみ出して汚くなるので要注意。つまようじなどの先に少し取ってつけると、量が調節できます。

折り目が浮きそうな場合は、中にほんの少しだけ糊をつけてもよい。

作品づくりで大切にしたいこと

◎ 楽しむことを第一に！　無理して完全さを求めない。
◎ 童心とユーモアを忘れずに。
◎ 構図はシンプルに。パーツは少ない種類を効果的に組み合わせる。
◎ やり過ぎないこと。未完成かなというところで止めておくのがコツ。

川岸花火 >>p.99

夜空のキャンバスを美しく彩る夏花火。
花火はぼかしの紙で折ると、中心と外側の色がきれいなグラデーションになります。
それぞれの周りには、パンチで抜いた色とりどりの星を同心円状に散らして華やかさを添えました。

夢の島 >>p.102

着物姿の子どもを応用して、こんな水着の子ども達ができました。
空にはハートを組み合わせた夢の雲が浮かんでいます。よく見ると、パンチで抜いた葉っぱが、開いた本の形に。
そう、これは絵本の中のひとこまなんです。

応用作例

花火の壁面飾り

花火A(大)　15cm角　>>p.99
花火A(小)　7.5cm角
花火B(大)　15cm角　>>p.100
花火B(小)　7.5cm角
家C　7.5cm角　>>p.80
子ども　7.5cm角　>>p.48
草A　5cm角　>>p.52
台紙　54.5×79.4cm

31

新種のぶどう >>p.106
1枚の紙から2粒のぶどうを折り出して、丸い輪につなげてみました。世界初の新種のぶどうです。
紫のぼかしの紙で折った粒を混ぜると、より新鮮でおいしそう。
もちろん、普通のぶどうのように房にすることもできますよ。

きのこ狩り >>p.107

紅葉が始まった初秋の山路をたどって、きのこ狩りに。赤とんぼが道案内です。
黄色、茶色、朱色系の色合いの中、子ども達の着物の色がアクセントになりました。
草を斜めに配置することで、山の斜面を表しています。

秋の収穫 >>p.111
秋の日を浴びて、今年の実りも上々です。
お手伝いの子ども達は、荷車に収穫を積み込んで、押したり引いたり大活躍。
合間に木に登って、別の実りを味わっている子も。にぎやかな笑い声が聞こえてきそうです。

落ち葉のささやき >>p.116
木枯らし1号が通り過ぎた後、落ち葉があちこちに重なりを作っていました。
カエデやイチョウ、クヌギの葉など、色とりどりの輝きを残しつつ、カサコソと小さな声で語り合っているようです。

秋のメッセージボード

きのこ(大)　7.5cm角　>>p.108
きのこ(小)　7.5cmの1/2角
草A　5cm角　>>p.52
ぶどうの実　6cm角　>>p.106
ぶどうの葉(大)　7.5cm角　>>p.84
ぶどうの葉(小)　6cm角
コルクボード外枠　30×45cm

※ぶどうの葉は「つたの葉」と同じ。きのこは、かさの端を少し折って丸みをつける。

木の葉のフレーム
木の葉A（大）　5cm角　>>p.109
木の葉A（小）　7.5cmの1/2角
木の葉D　7.5cmの1/2角　>>p.119
もみじ　7.5cm角　>>p.116
山（岩）　15cm角　>>p.71
鳥　7.5cmの1/2角　>>p.53
フレーム外枠　縦23×33cm

木の葉のしおり
《左》木の葉C（大）　7.5cmの1/2角　>>p.118
　　　木の葉C（小）　3cm角
《中》木の葉A　7.5cmの1/4角　>>p.109
《右》いちょう　7.5cmの1/2角　>>p.117
台紙　15×5.5cm
※クラフトパンチを使用。

酉の市 >>p.120

師走が近づき、日を追って寒さが増してくる頃、今年もまた酉の市がやってきました。
鯛や鶴亀、お多福に小判、おめでたい飾りが盛り沢山の大きな熊手。
落とさないように気をつけて、夜道を家に運びます。

クリスマス >>p.125
クリスマスツリーの森の中、たくさんのサンタクロースが忙しくクリスマスの準備をしています。
偶然迷い込んだ子ども達は、サンタに出会って大喜び。真冬の夜の夢の思い出です。

クリスマスの壁面飾り

クリスマスツリー（大） 15cm角 >>p.126
クリスマスツリー（中） 10cm角
クリスマスツリー（小） 7.5cmの1/2角
サンタクロース（大） 10cm角 >>p.125
サンタクロース（小） 7.5cmの1/2角
星B（大） 7.5cmの1/2角 >>p.92
星B（中） 3cm角
星B（小） 7.5cmの1/4角
風船 7.5cmの1/2角 >>p.91
ハート（木の幹） 7.5cm角 >>p.104
草A（大） 7.5cm角 >>p.52
草A（小） 5cm角
台紙 54.5×79.4cm
※星とハートのクラフトパンチを使用。

構図について

はり絵折り紙の作品づくりでは、構図はシンプルにした方が、印象的な画面になります。特に、パーツの配置がつくり出す線と流れが大事。これによって、作品から受けるイメージが変わります。単純化した図をもとに、いくつかの例を見てみましょう。

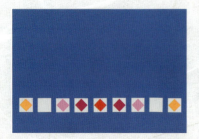

横の線 安定感、静けさ、おだやかさ

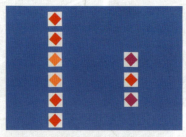

縦の線 そびえ立つ、積み重なる、伸びていく感じ

斜めの線 動きのある感じ（流れていく、飛んでいく）、傾斜

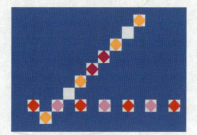

斜めに交わる線 広がっていく、せばまっていく

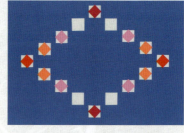

ひし形 囲まれている感じ、安心感、はね返す力強さ

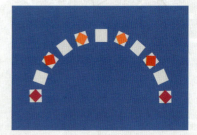

半円形 やわらかさ、やさしさ、心の通い合い

背中合わせの半円形 対立感、不安定感、ドキリとする感じ

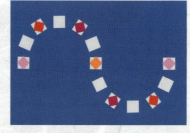

半円形のうねり 変化のある動き、律動的・継続的な感じ

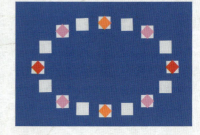

楕円形 ひし形よりもおだやかな感じ、安定感

円形 安心感、おだやかさ、守られているやすらぎ

大中小の円形 変化に富んだ動きのある感じ

* p.42〜45 は、日本折紙協会主催 2015 年折紙シンポジウムの朝日勇講演資料をもとにまとめたものです。

p.10「ひな祭り」
円形に並べた花の中の
おひな様が、大切に守
られているような感じ
です。

p.33「きのこ狩り」
草がつくり出す斜めの
線で、山の傾斜を表し
ています。

p.13「枝垂れ虹桜」
花がつくる半円形のうねりが、変化のある動きを出しています。

p.17「子どもの日」
草の列が斜めに交わる
ことで、右にいくほど
遠くなる遠近感を表し
ています。

配色について

次に、配色について考えてみましょう。
まずは、下の写真をご覧下さい。同じパーツでも、折った紙の色や台紙の色が変わると、
こんなに違うイメージになります。

一つの画面の中に、多くの色がバラバラに使われていると、見ていて何か落ち着かないものです。美しくまとまりやすい配色のパターンをいくつかご紹介しますので、絵づくりの参考にして下さい。

暖色系でまとめる
暖かさ、元気さ、躍動感の表現に向く。

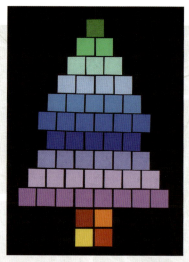

寒色系でまとめる
爽やかさ、落ち着いた美しさの表現に。

同系色のグラデーション
規則的に濃淡をつけることで、奥行きや立体感を出すことができる。

色味の統一＋ポイントカラー
少ない面積に同系の濃い色や薄い色を使うことで、そこだけを目立たせる。

アクセントカラー
全体のトーンを抑えつつ、少量の補色を使うことで、画面全体を活性化する。

p.35「落ち葉のささやき」
男の子の着物と青い風車以外、全体を暖色系でまとめています。

p.16「茶摘みの頃に」
茶畑の部分を緑色のグラデーションにして、立体感と奥行きを出しています。

p.20「夕涼み」
全体が青系の中、金魚を朱色にしてアクセントカラーの効果を出しています。

パーツの配置と配色の応用

簡単な木のパーツの色と形、並べ方をいろいろ試してみました。

同じパーツを一列に並べる
落ち着き、安定のある配置。

色違いのパーツを少し重ねて並べる
色彩の楽しさを強調。

色違いのパーツを3枚ずつまとめる
色彩の楽しさにリズム感が加わる。

パーツに大小をつけて並べる
大(近い)→小(遠い)の遠近感が出る。

木の葉の部分の形を変える
角度が鋭い方が高く感じられる。

葉を2段、3段に重ねる
画面に変化が出て、遠近感も表せる。

パーツの組み合わせいろいろ

木のパーツで様々な形をつくってみましょう。
あなたなら、どんなふうに組み合わせますか?

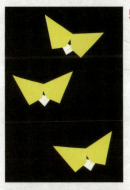
蝶

花と葉っぱ

星

気球とゴンドラ

中世の騎士

アートの森

ひっくり返すと…

人の顔に!

45

折り方の記号

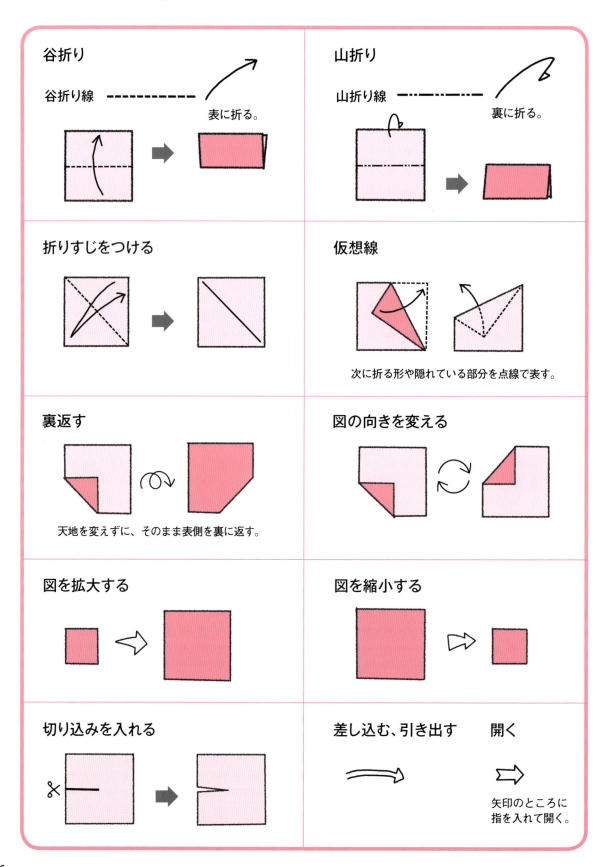

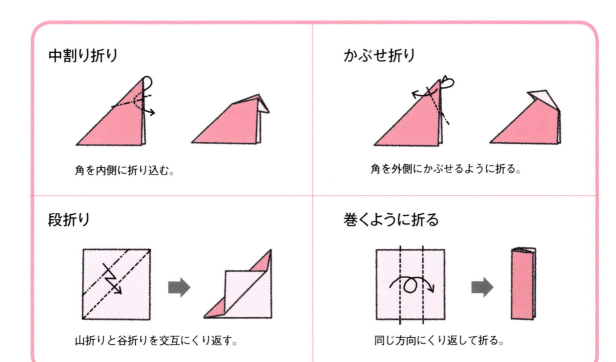

本書の見方について

＊本書では、一般的な折り紙のサイズを基本として、用紙サイズを次のように表記しています。
　　15 × 15cm の正方形→ 15cm 角　　7.5 × 7.5cm の正方形→ 7.5cm 角
　　3.75 × 3.75cm の正方形→ 7.5cm の 1/2 角　　1.875 × 1.875cm の正方形→ 7.5cm の 1/4 角

＊カラーページに掲載した作品には、それぞれ折り方の掲載ページが示してあります。

＊掲載作品のパーツの用紙と仕上がりサイズは、実際に作品に使用した大きさではなく、15cm 角や 7.5cm 角など一般的な折り紙の大きさで折った場合の仕上がりサイズの目安を示しています。

＊応用作例（p.6 〜 7、11、23、30 〜 31、36 〜 37、40 〜 41）、春の花々（p.15）、夏の花々（p.19）では作品に使用しているパーツと同じものを使用している場合、同じパーツの折り方が載っているページを示しています。

＊応用作例、春の花々、夏の花々については、実際にパーツを折った用紙と台紙の大きさを記載しています。

初日の出 写真 >> p.4

「子ども」と「風車」は、他の多くの作品にも登場します。ここでしっかりと、折り方を覚えましょう！

子ども　用紙：女の子、男の子とも各正方形2枚→顔と手、体を各15cm角で折って組み合わせると、高さ約15cm

女の子（顔と手）

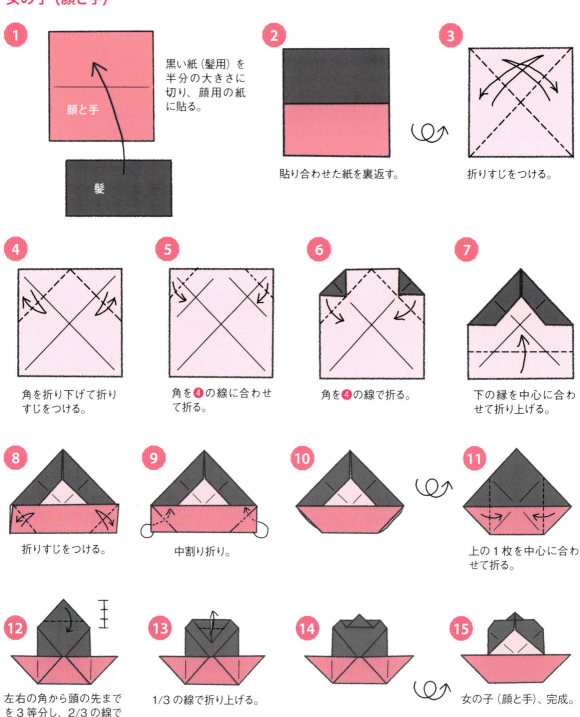

男の子（顔と手）

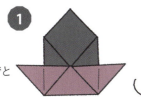
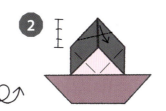
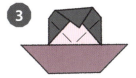

1. 女の子の⓫までと同様に折る。
3. 男の子（顔と手）、完成。

体（共通）

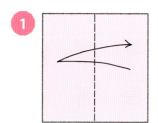
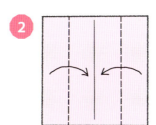
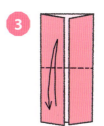
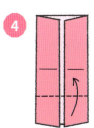

1. 半分の折りすじをつける。
2. 中心に合わせて折る。
3. 中心に合わせて折りすじをつける。
4. 下の縁を中心に合わせて折る。

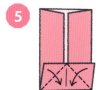
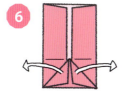
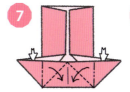

5. 角を折り下げる。
6. 内側の紙を引き出して折りたたむ。
7. 開いてつぶすように折りたたむ。
8. 上の1枚を折り下げる。
9. 開いてつぶすように折り下げる。

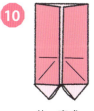

10. 体、完成。

走っている子どもの体

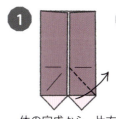

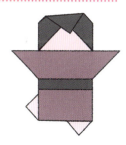

1. 体の完成から。片方の足を折り上げる。
2. 走っている子どもの体、完成。

組み合わせ方

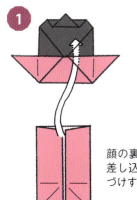

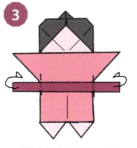

1. 顔の裏側に体を差し込んでのりづけする。
3. 別の紙を細く切って貼り、帯にする。

完成

後ろ姿の子ども

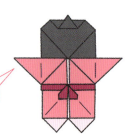
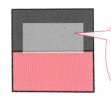

p.30の「花火の壁面飾り」に登場している後ろ姿の子どもです。帯の結び目は別の紙を切って貼りつけます。

後ろ姿を見せる場合は、髪用の黒い紙を貼る時、この部分にのりをつけずに顔と手を折り、そのすき間に体を差し込みます。

風車　用紙：正方形1枚 → 15cm角で折ると高さ約15cm

1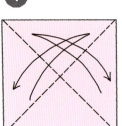
折りすじをつける。

2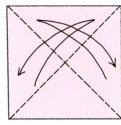
折りすじをつける。

3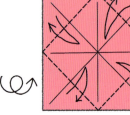
折りすじをつける。

4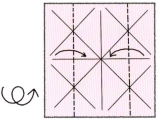

5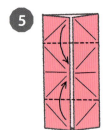

6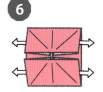
内側の紙を引き出して折りたたむ。

7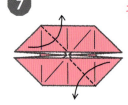

完成

伝承折り紙の「風車」です。風車の棒は、別の紙を細く切って貼りつけましょう。

松の木　用紙：[葉] 正方形を半分に切った紙1枚 → 7.5cm角を半分に切った紙で折ると、高さ約2.3cm
　　　　　　[幹] 正方形1枚 → 15cm角で折ると高さ約7.5cm

葉

1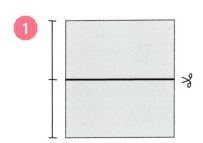
正方形の紙を半分に切る。

2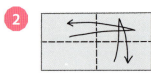
折りすじをつける。

3

4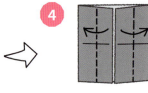
上の1枚を左右の縁に合わせて折る。

5
裏側に折る。

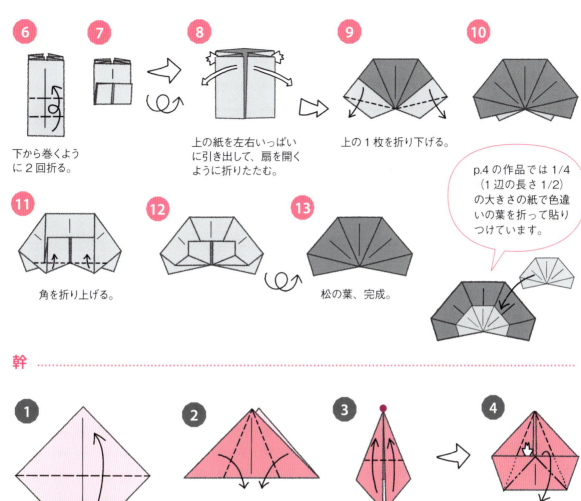

6 下から巻くように2回折る。

7

8 上の紙を左右いっぱいに引き出して、扇を開くように折りたたむ。

9 上の1枚を折り下げる。

10 p.4の作品では1/4（1辺の長さ1/2）の大きさの紙で色違いの葉を折って貼りつけています。

11 角を折り上げる。

12

13 松の葉、完成。

幹

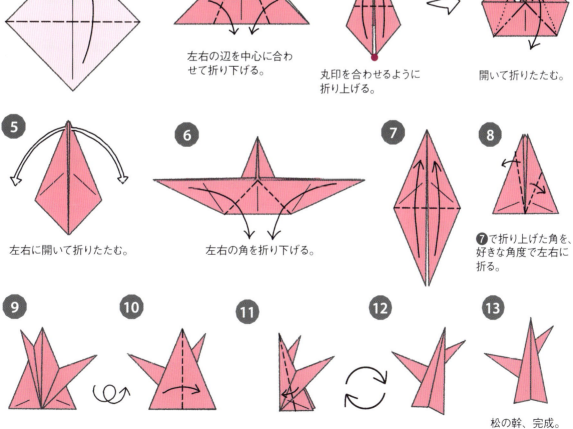

1

2 左右の辺を中心に合わせて折り下げる。

3 丸印を合わせるように折り上げる。

4 開いて折りたたむ。

5 左右に開いて折りたたむ。

6 左右の角を折り下げる。

7

8 ❼で折り上げた角を、好きな角度で左右に折る。

9

10

11

12

13 松の幹、完成。

51

草A　用紙：正方形1枚→15cm角で折ると高さ約6.5cm

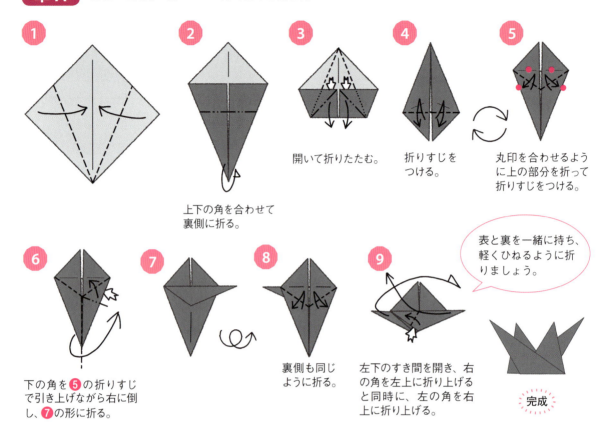

太陽　用紙：正方形4枚→各7.5cm角で折って組み合わせると高さ約11.5cm

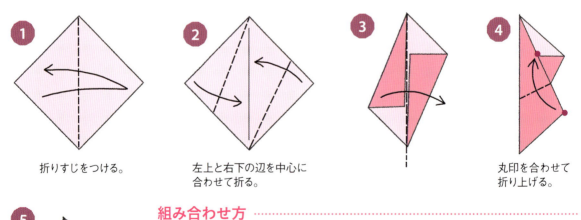

基本形のできあがり。同じものを4個作る。

組み合わせ方

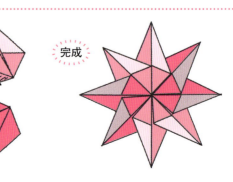

斜線部分にのりをつけて基本形を貼り合わせる。残りの3個も同じように貼って円形にする。

鳥　用紙：正方形2枚→翼15cm角、尾羽7.5cm角で折って組み合わせると、頭から尾羽までの長さ約9.5cm

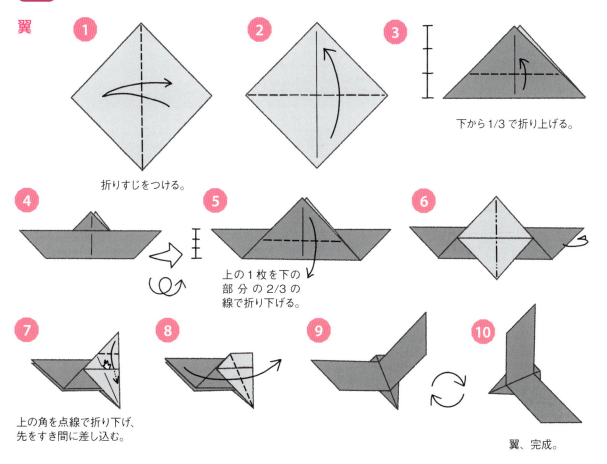

尾羽

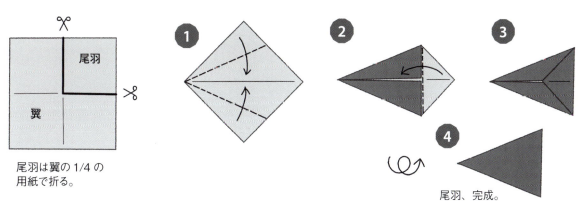

組み合わせ方

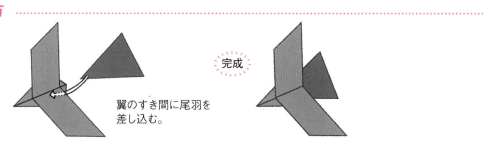

新春のはしご乗り　写真 >> p.5　「子ども」の折り方 >> p.48

門松　用紙：正方形4枚→A〜Cを15cm角、Dを7.5cm角で折って組み合わせると、高さ約13cm

門松 A

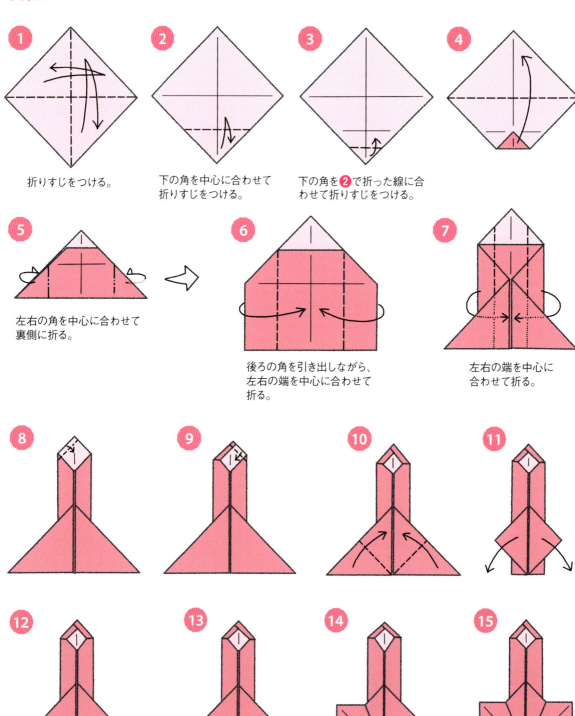

門松 B

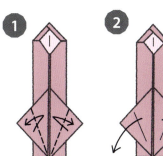
1 折りすじをつける。

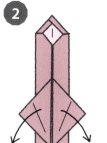
2

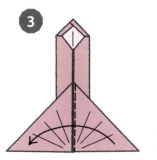
3

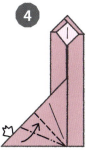
4 開いて折りたたむ。

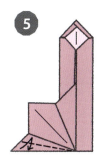
5 折りすじをつける。

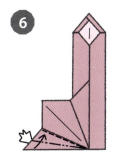
6 開いて折りたたむ。

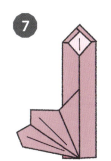
7 門松 B、完成。

門松 C

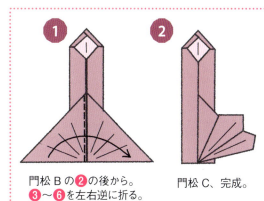

1 門松 B の ❷ の後から。❸〜❻ を左右逆に折る。

2 門松 C、完成。

門松 D

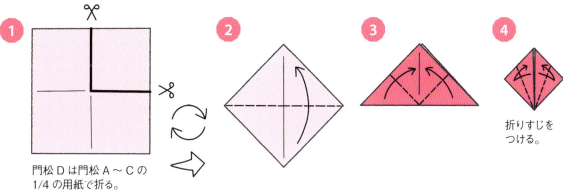

1 門松 D は門松 A〜C の 1/4 の用紙で折る。

2

3

4 折りすじをつける。

5 開いて折りたたむ。

6 開いて折りたたむ。

7

8 門松 D、完成。

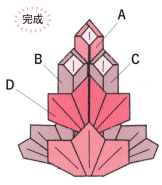
完成

門松 A〜D を図のように組み合わせてのりづけする。

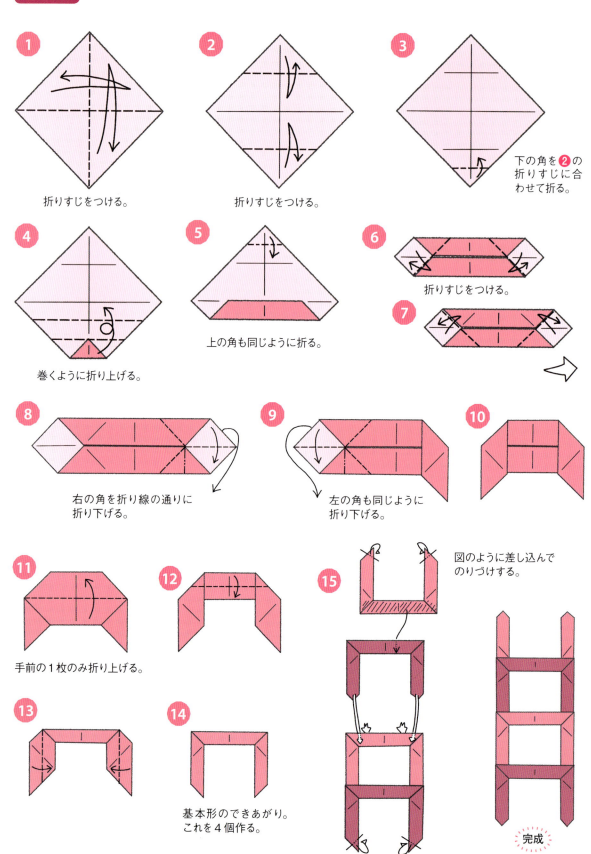

とび口

用紙：正方形を1/8の幅に切った紙1枚 → 15cm角を1/8にした紙で折ると、高さ約6cm

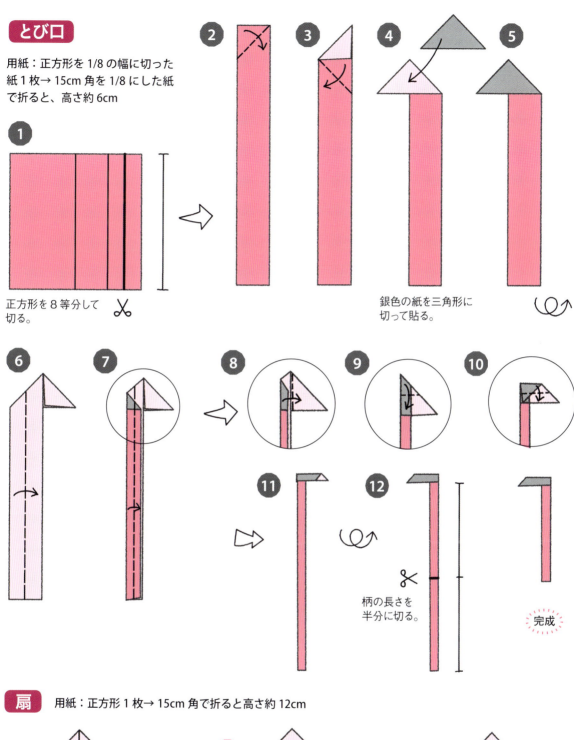

扇

用紙：正方形1枚 → 15cm角で折ると高さ約12cm

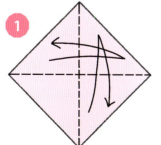

折りすじをつける。

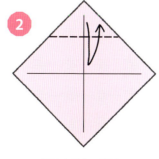

折りすじをつける。

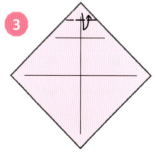

折りすじをつける。

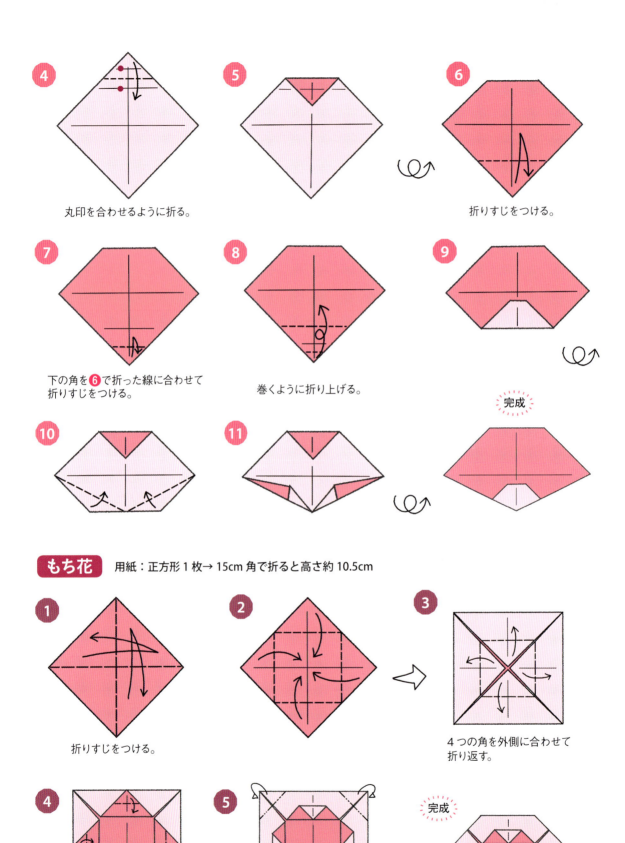

# 2月 夜の観梅　写真 >> p.8

「子ども」の折り方 >>p.48
「風車」の折り方 >>p.50
「草A」の折り方 >>p.52

 梅の花　用紙：正方形2枚→各7.5cm角で折って組み合わせると高さ約5cm

花（上）

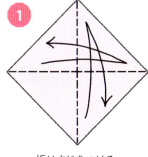
折りすじをつける。

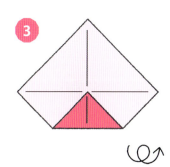

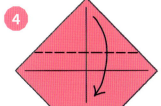

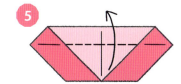
中心線で折り上げる。

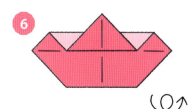

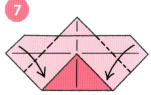

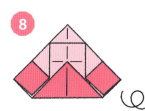

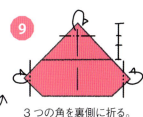
3つの角を裏側に折る。

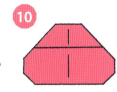
花（上）、完成。

花（下）

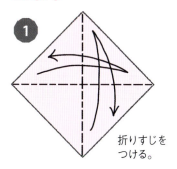
折りすじをつける。

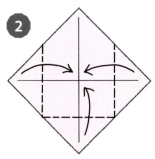

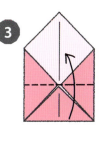

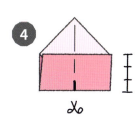
下に切り込みを入れる。

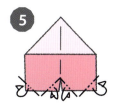
左右の角と切り込みの部分を裏側に折る。

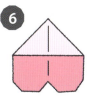
花（下）、完成。

組み合わせ方

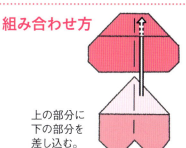
上の部分に下の部分を差し込む。

完成

真ん中に丸いシールを貼って花芯にしても！

梅の木　用紙：正方形1枚→15cm角で折ると高さ約8cm

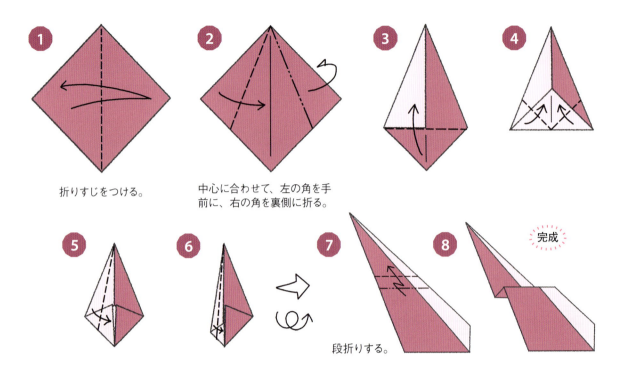

家A　用紙：正方形を半分に切った紙1枚→15cm角を半分に切った紙で折ると高さ約5.5cm

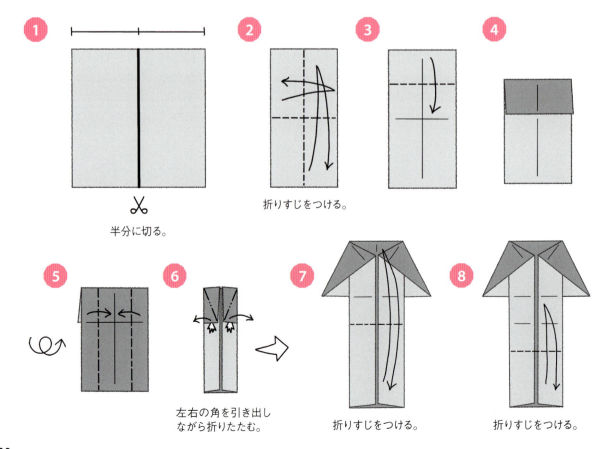

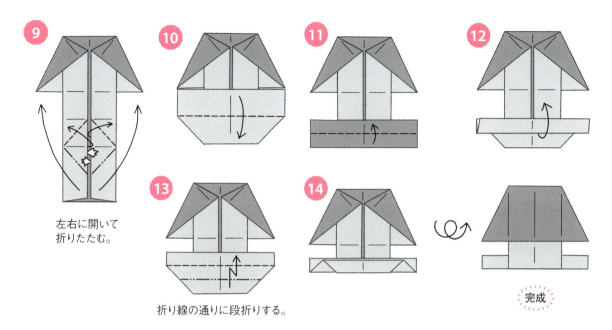

左右に開いて折りたたむ。

折り線の通りに段折りする。

完成

星 A

用紙：正方形2枚→各7.5cm角で折って組み合わせると高さ約8cm

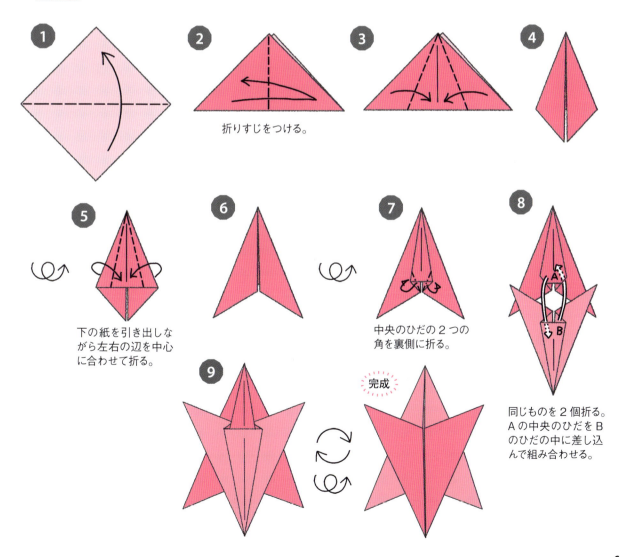

折りすじをつける。

下の紙を引き出しながら左右の辺を中心に合わせて折る。

中央のひだの2つの角を裏側に折る。

同じものを2個折る。Aの中央のひだをBのひだの中に差し込んで組み合わせる。

完成

61

節分　写真 >> p.9　「子ども」の折り方→ p.48

 鬼 用紙：正方形2枚→体15cm角、頭7.5cm角で折って組み合わせると、高さ約7cm

鬼の頭は、体の1/4（1辺が1/2の長さ）の紙で折るとよいでしょう。

頭

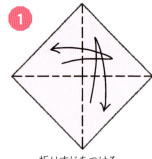

1. 折りすじをつける。
2. 折りすじをつける。
3.

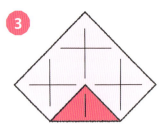

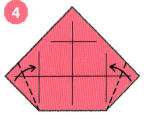

4. 左右の辺を❸の折りすじに合わせて折る。
5.

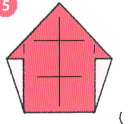

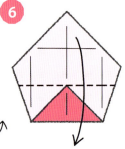

6. ❶で折った中心線で折り下げる。
7. 開いてつぶすように折り上げる。

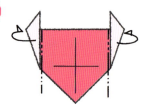

8.
9. 巻くように折り上げる。

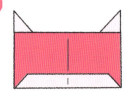

10. 鬼の頭、完成。

体

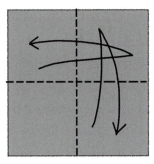

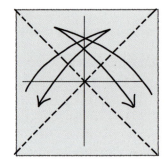

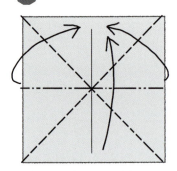

1. 折りすじをつける。
2. 折りすじをつける。
3. 左右を引き寄せながら折りすじの通りに折りたたむ。

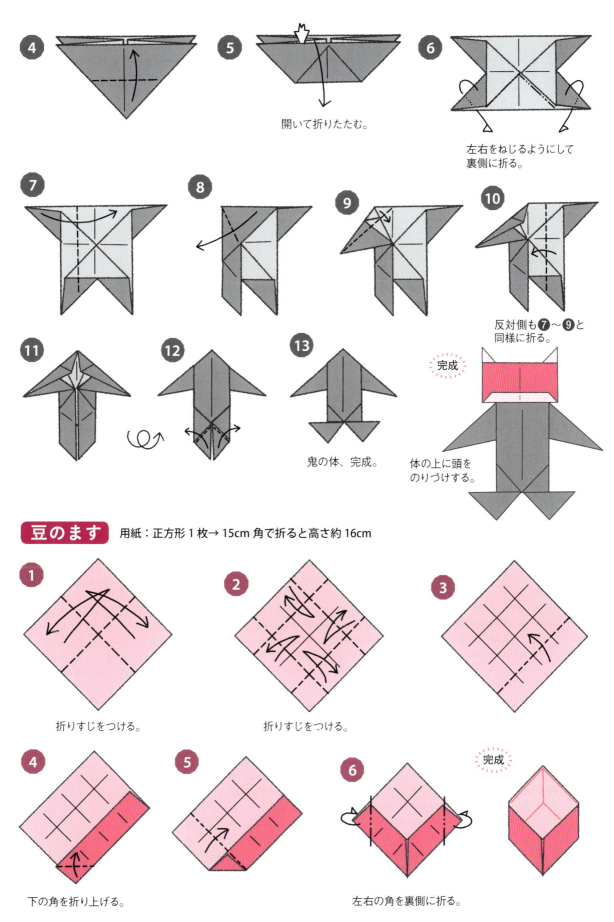

お多福　用紙：正方形1枚→ 15cm角で折ると高さ約9cm

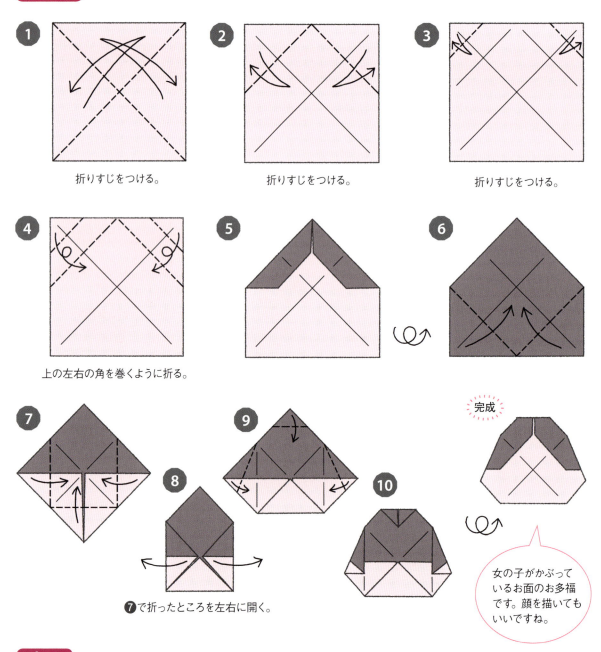

木A　用紙：正方形2枚→各15cm角で折って組み合わせると高さ約20cm

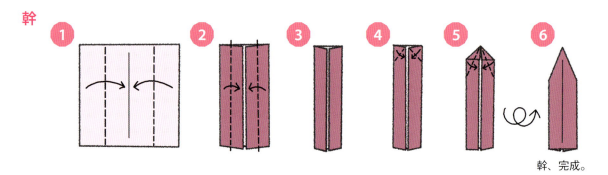

葉

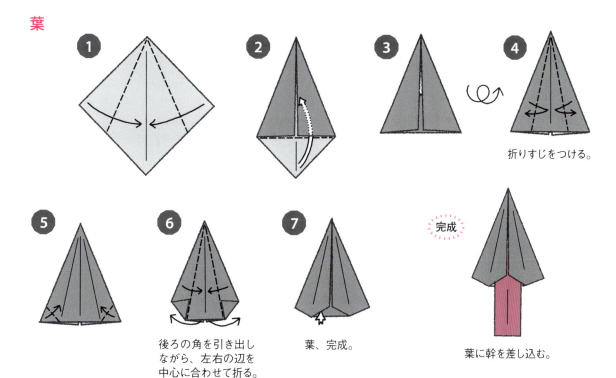

| 木 B | 用紙：[幹と葉] 各正方形 1 枚→各 15cm 角で折って組み合わせると高さ約 19cm |
| | [小さい葉] 正方形 1 枚→ 2cm 角で折ると長さ約 2.8cm |

幹

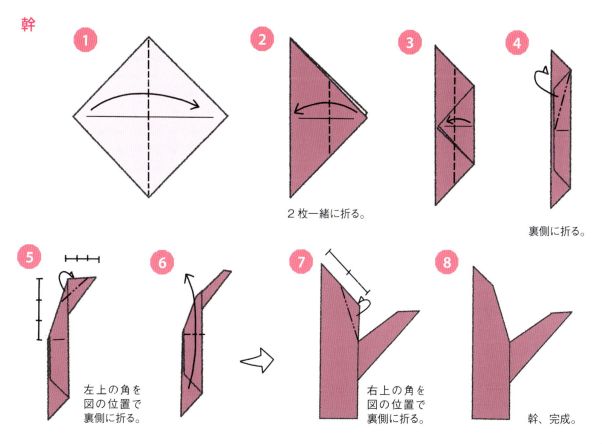

葉

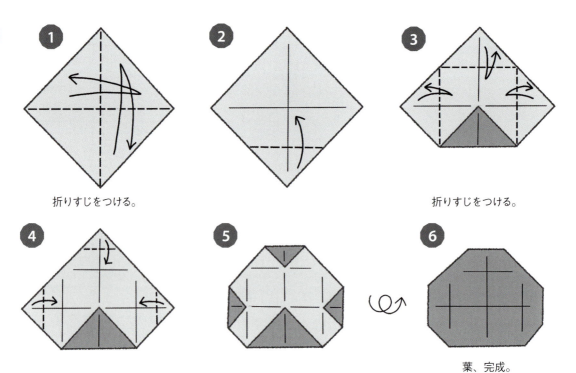

小さな葉

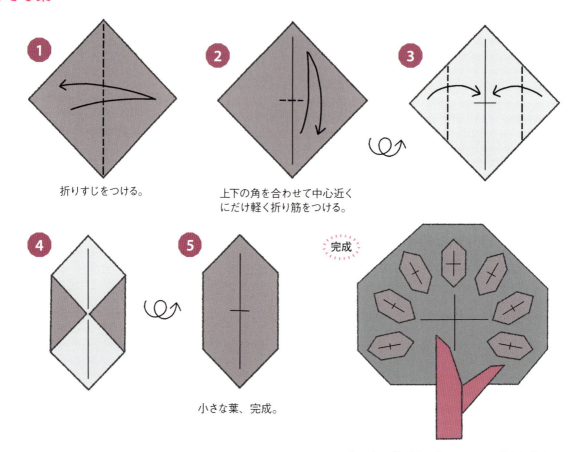

家B 用紙：正方形1枚→ 15cm角で折ると高さ約6.5cm

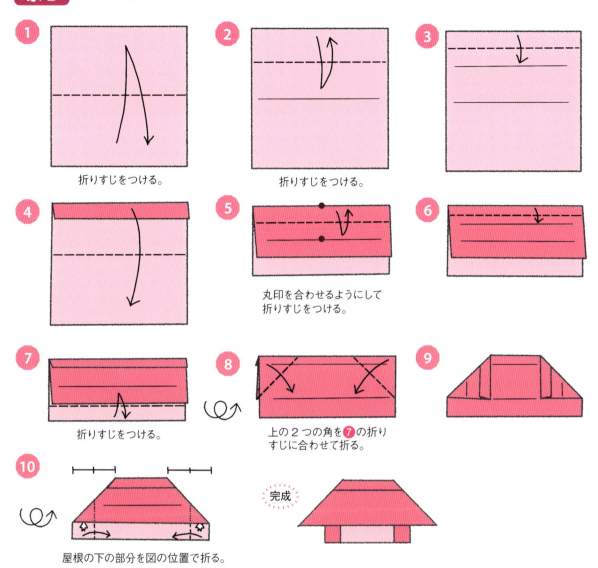

草B 用紙：正方形1枚→ 15cm角で折ると高さ約6cm

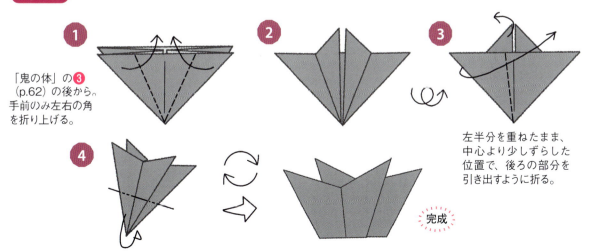

3月 ひな祭り 写真 >> p.10　「子ども」の折り方 >> p.48

おひなさま A　用紙：正方形1枚→15cm角で折ると高さ約7.5cm

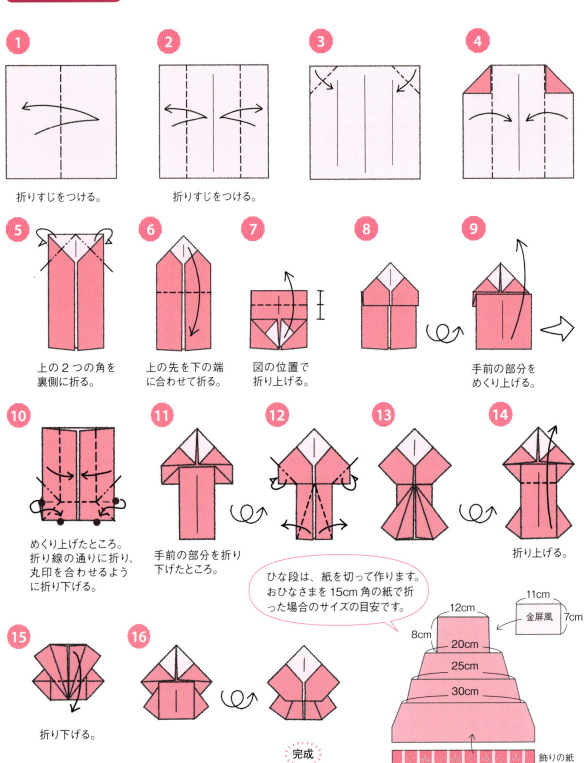

おひなさま B 用紙：正方形1枚→15cm角で折ると高さ約5.5cm

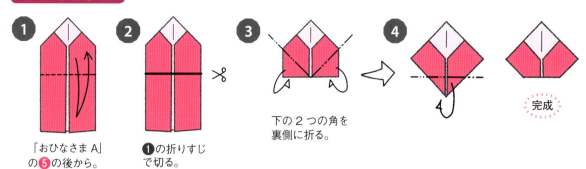

花 用紙：正方形1枚 → 15cm角で高さ約7.5cm

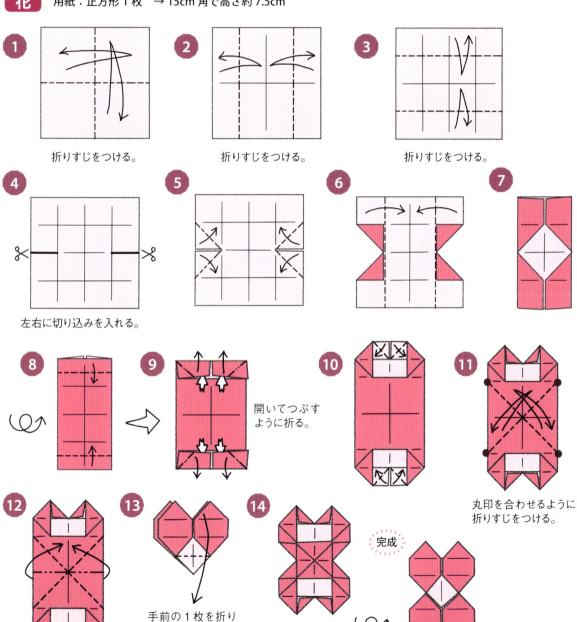

桃の花　写真 >> p.11　「子ども」の折り方 >> p.48

花　用紙：正方形5枚→各7.5cm角で折って組み合わせると、直径約16cm

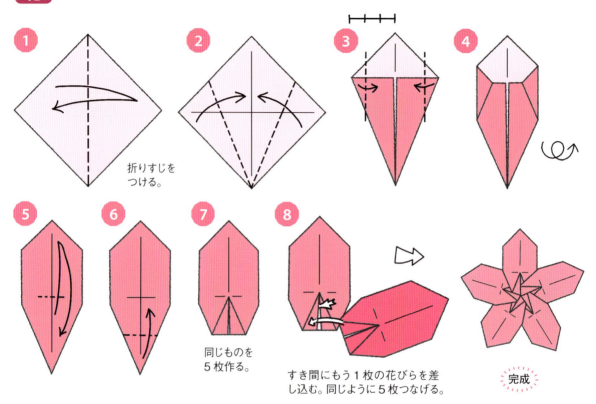

　蕾　用紙：正方形1枚→15cm角で折ると高さ約7.5cm

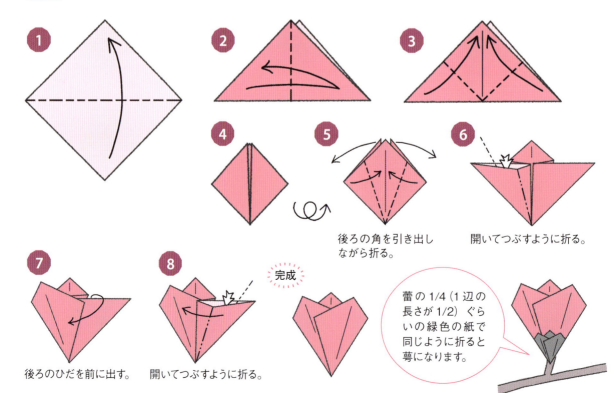

花筏　写真 >> p.12　「子ども」の折り方 >> p.48

桜A　用紙：正方形5枚→各7.5cm角で折って組み合わせると、直径約12cm

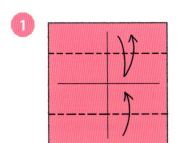
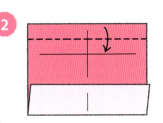
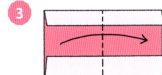

上は折りすじをつけ。下は折り上げる。

    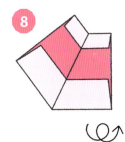

丸印を合わせるように折りすじをつける。

左上の角を④の折りすじに合わせて折る。

開く。

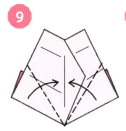  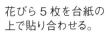 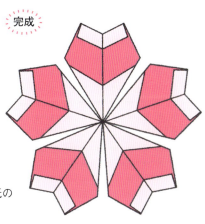

完成

花びら1枚のできあがり。同じものを5枚作る。

花びら5枚を台紙の上で貼り合わせる。

岩　用紙：正方形1枚→15cm角で折ると高さ約9.5cm

 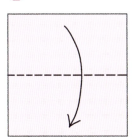 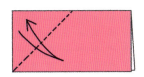 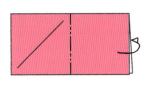

裏側に折る。

右の端を②の折りすじに合わせ、後ろの紙を引き出しながら折る。

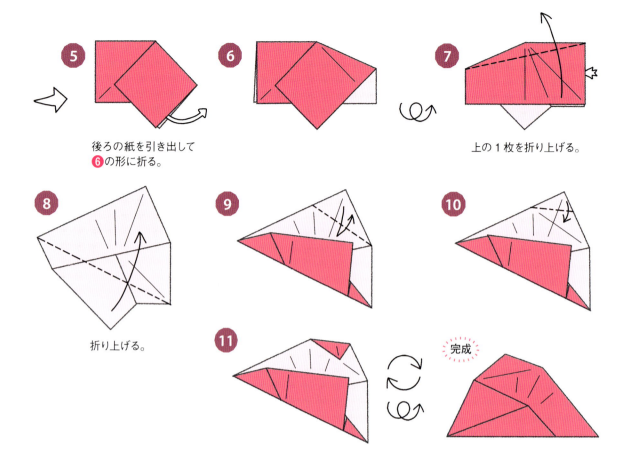

草C

用紙：正方形1枚→15cm角で折ると高さ約7.5cm

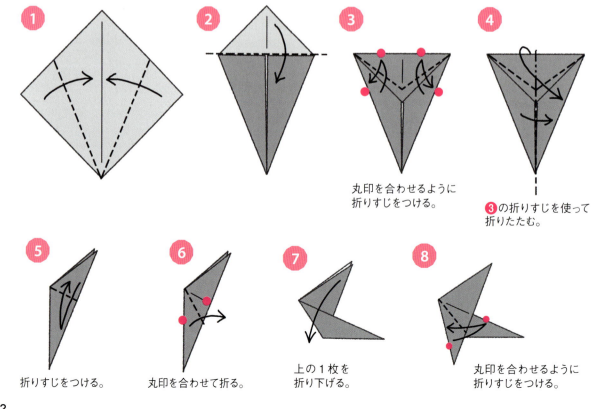

いかだ
用紙：正方形1枚→ 15cm角で折ると高さ（いかだの奥行き）約8cm

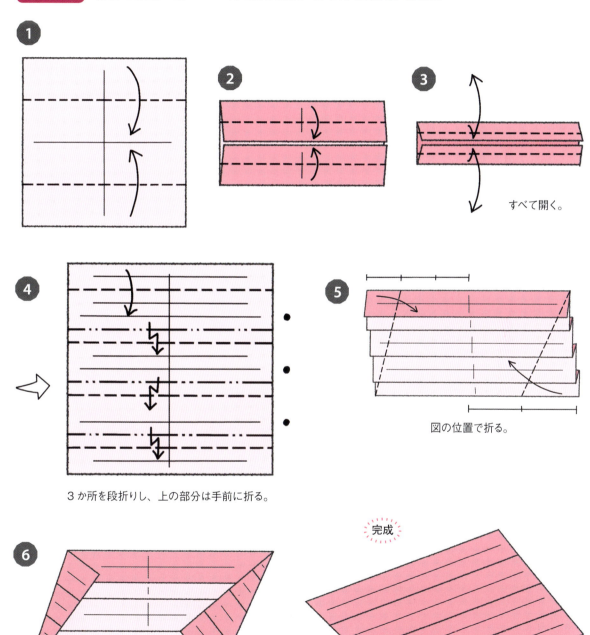

枝垂れ虹桜　写真 >> p.13　「子ども」の折り方→ p.48

桜B　用紙：正方形1枚→7.5cm角で折ると高さ約16cm

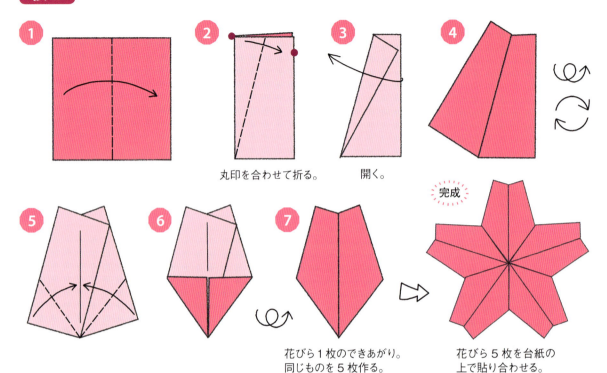

たんぽぽ　用紙：[花] 正方形2枚→7.5cm角で折ると直径約8cm
[葉] 正方形を半分に切った長方形1枚→7.5cm角を半分にした紙で折ると長さ7.5cm

花

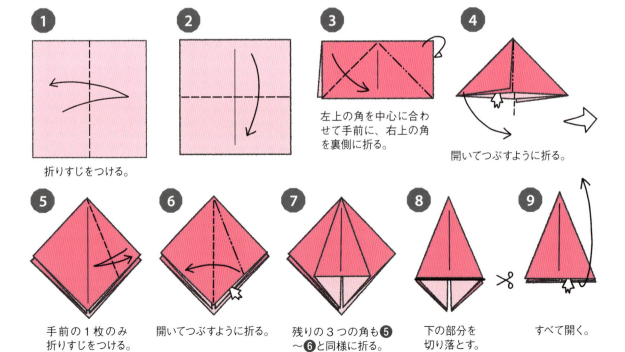

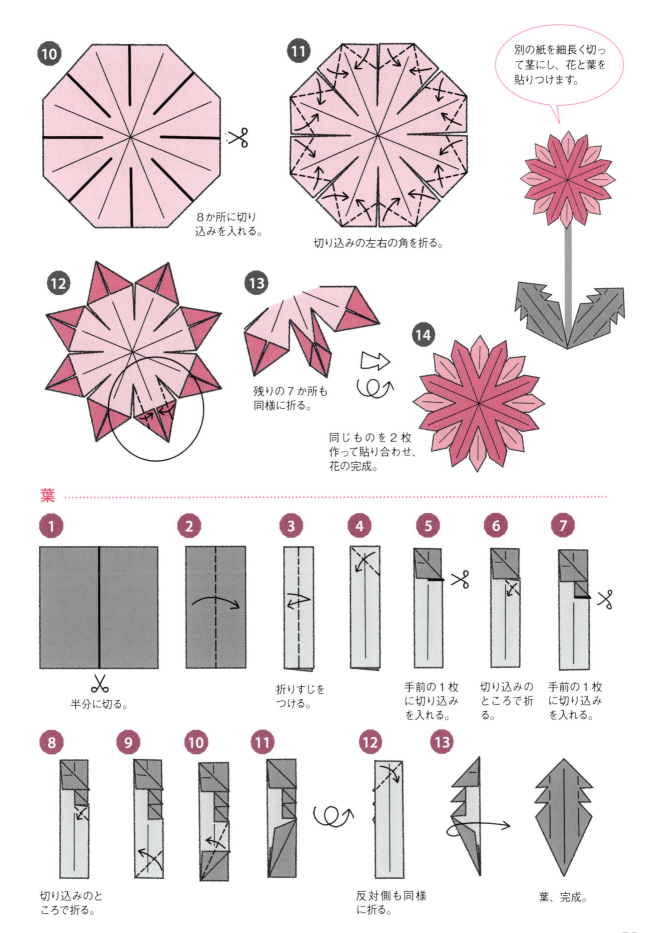

菜の花畑 　写真 >> p.14　　「子ども」の折り方 >> p.48

菜の花　用紙：［小花1つ］正方形1枚→ 7.5cm角で折ると高さ約3.8cm
　　　　　　　［葉］正方形1枚→ 15cm角で折ると長さ約19cm

小花

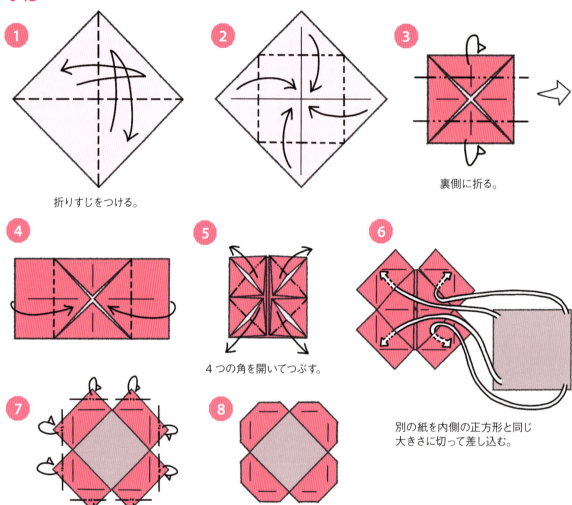

葉

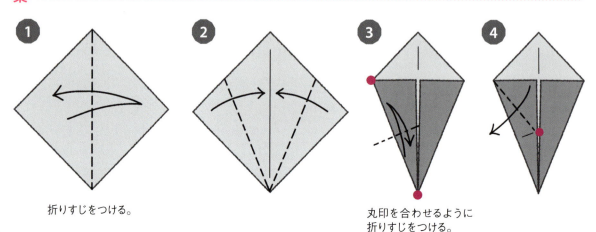

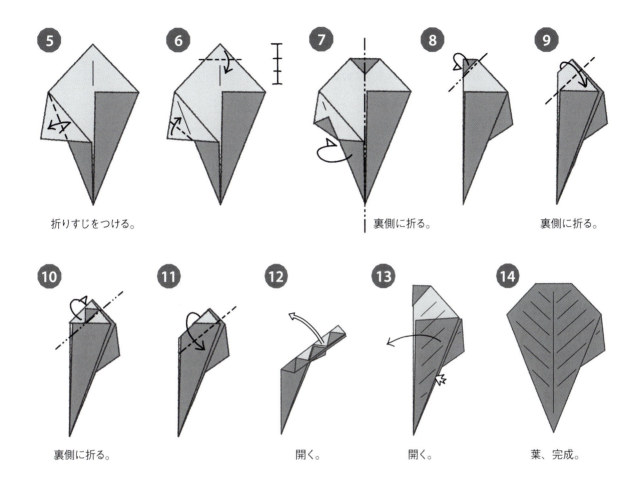

水仙 写真 >> p.15

水仙 用紙：[花] 正方形 2 枚→各 7.5cm 角で折って組み合わせると高さ約 7.5cm
[葉] 正方形 1 枚を 6 等分→ 15cm 角を 6 等分した紙で折ると長さ約 15cm

花

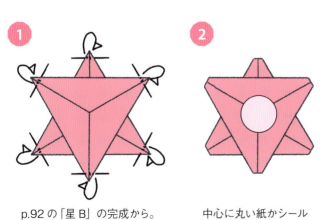

1. p.92 の「星 B」の完成から。6 つの角の先を裏側に折る。
2. 中心に丸い紙かシールを貼って、花、完成。

葉

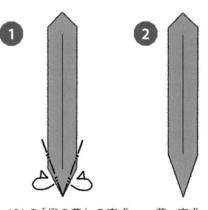

1. p.101 の「柳の葉」の完成から。下の左右の角を裏側に折り、さらにとがらせる。
2. 葉、完成。

藤棚 写真 >> p.15　　「子ども」の折り方 >> p.48 ／「草A」の折り方 >> p.52

 用紙：［花］正方形1枚 → 15cm角で折ると高さ約7.5cm
　　　　［葉］正方形1枚 → 15cm角で折ると長さ15cm

花

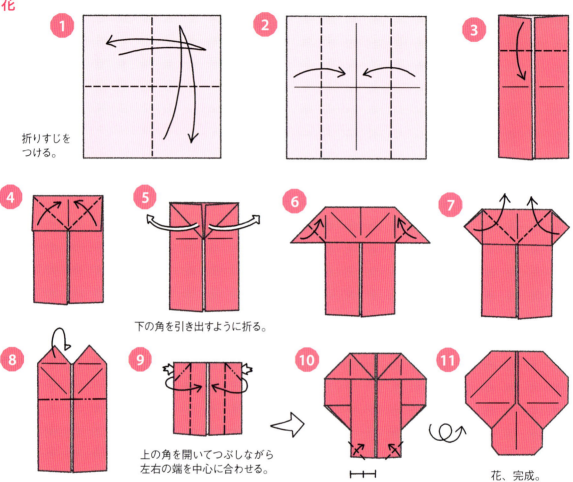

葉

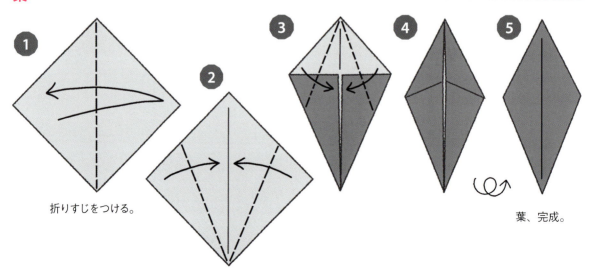

5月 茶摘みの頃に 写真 >> p.16

「子ども」の折り方 >> p.48
「草B」の折り方 >> p.67

茶畑　用紙：正方形1枚→15cm角で折ると高さ約10cm

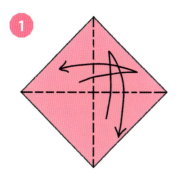
折りすじをつける。

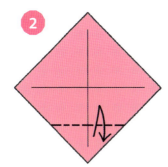
折りすじをつける。

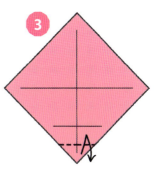
折りすじをつける。

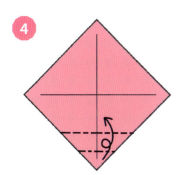
巻くように折り上げる。

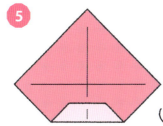

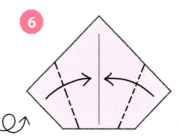

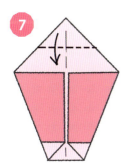

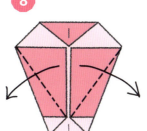

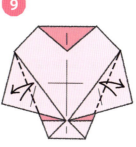
折りすじをつける。

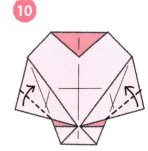

完成

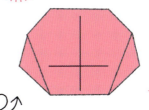

お茶の葉のかたまり1つ分です。たくさん作って並べると、奥行きのある茶畑になりますよ。

家 C

用紙：正方形2枚→各15cm角で折って組み合わせると、高さ約7.5cm

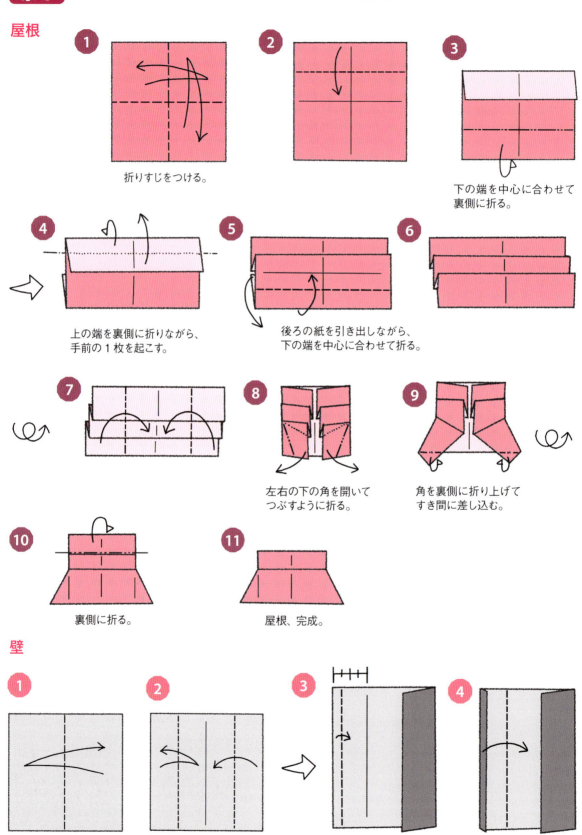

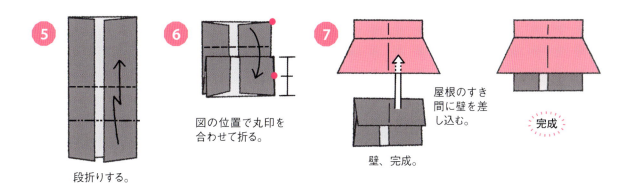

木D 用紙：正方形1枚 → 7.5cm角で折ると高さ約9cm

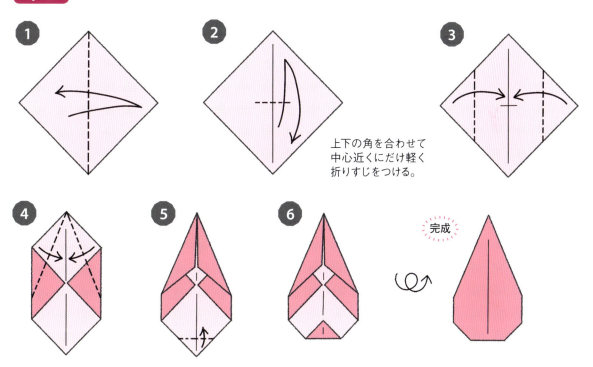

すげ笠 用紙：正方形を半分に切った紙1枚 → 15cm角を半分に切った紙で折ると高さ約10cm

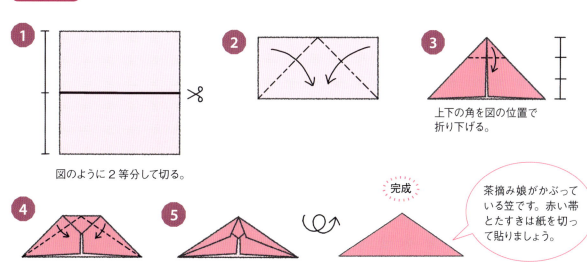

子どもの日 写真 >> p.17

「子ども」の折り方 >>p.48
「風車」の折り方 >>p.50
「草A」の折り方 >>p.52
「家C」の折り方 >>p.80

かぶと　用紙：正方形1枚→15cm角で折ると高さ約5.2cm

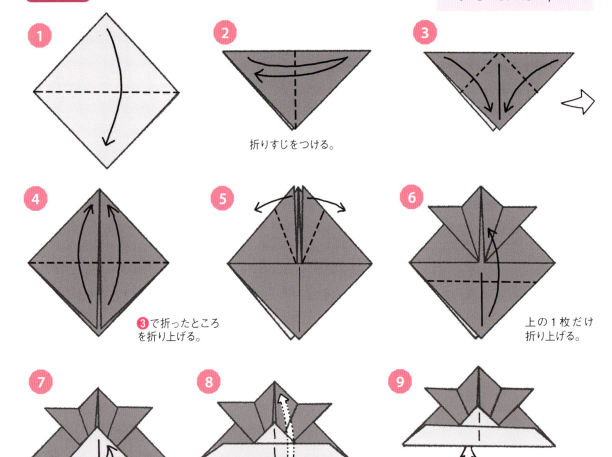

鯉のぼり　用紙：正方形1枚→15cm角で折ると長さ約11cm

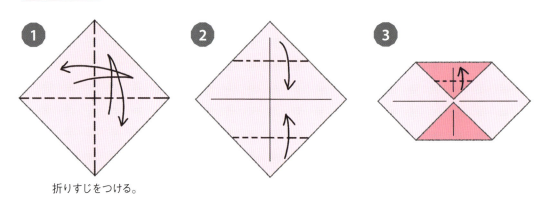

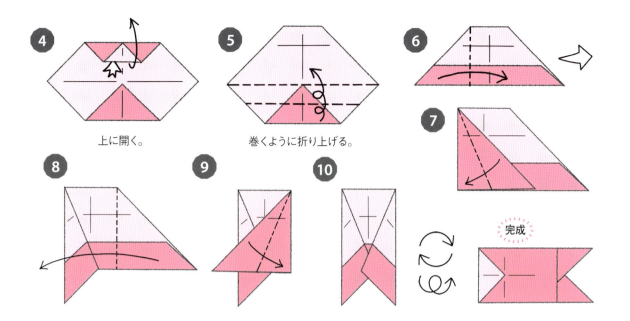

木E

用紙：葉の部分は正方形2枚→各15cm角で折って組み合わせると、高さ約14cm
＊幹の部分は別の紙を切って貼る。

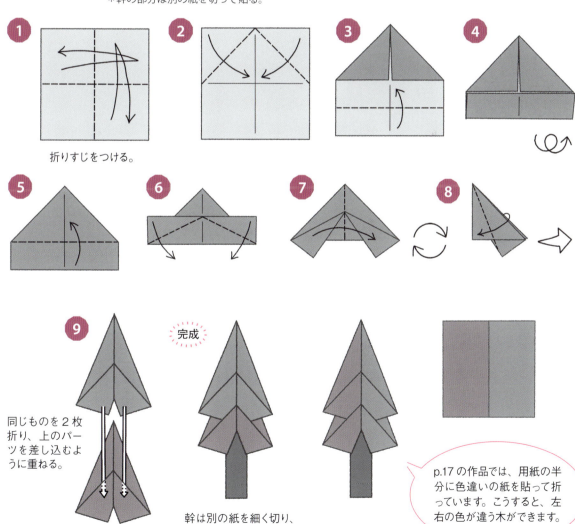

83

川遊び　写真 >> p.18

「子ども」の折り方 >> p.48
「風車」の折り方 >> p.50
「草A」の折り方 >> p.52

魚　用紙：正方形1枚→ 7.5cm角で折ると長さ約9.5cm

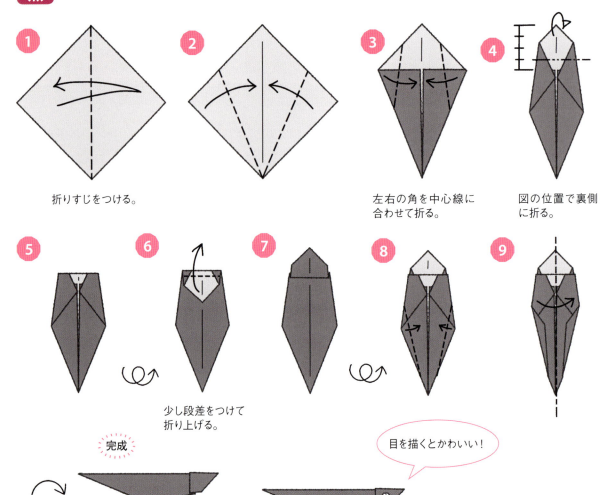

つたの葉　用紙：正方形1枚→ 15cm角で長さ約11cm

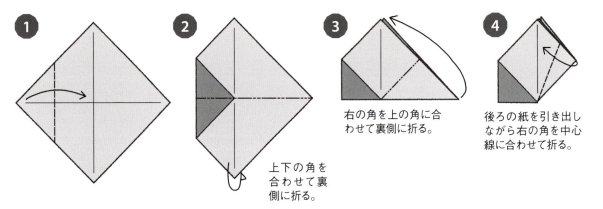

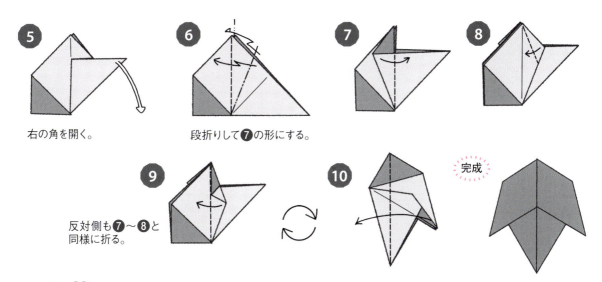

つゆ草 写真 >> p.19

つゆ草 用紙：[花] 正方形を半分に切った長方形 1 枚→ 15cm 角を半分に切った紙で折ると高さ約 7cm
[葉] 正方形 1 枚→ 7.5cm 角で折ると長さ約 10cm

花

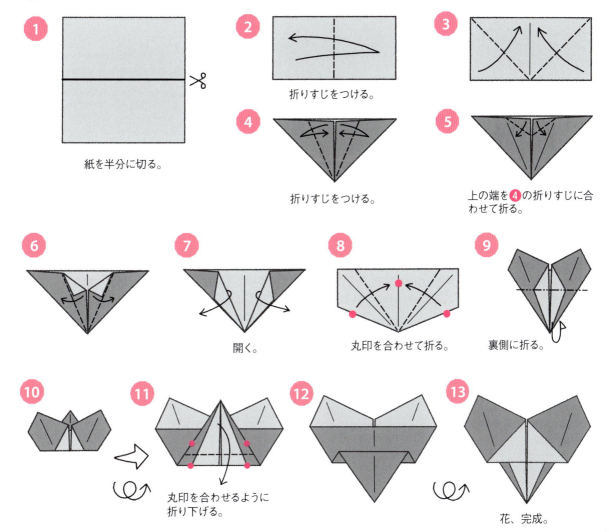

葉 A

①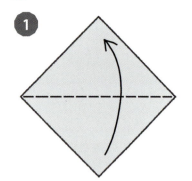

②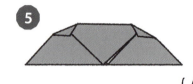
左右の角を合わせて、下の方にだけ軽く折りすじをつける。

③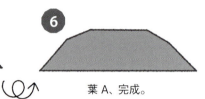
2枚一緒に折り下げる。

④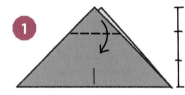
上の2つの角を小さく折る。

⑤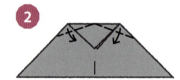

⑥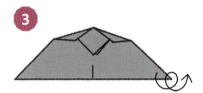
葉 A、完成。

葉 B

①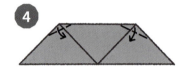
葉 A の ❷ の後から。図の位置で折り下げる。

② 上の2つの角を小さく折る。

③

④ 葉 B、完成。

あじさい 写真 >> p.19

あじさい 用紙：[小花] 正方形1枚 → 7.5cm角で折ると高さ約3.8cm
　　　　　　［葉］正方形1枚 → 7.5cm角で折ると長さ約10.5cm

小花

①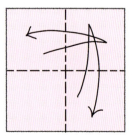

②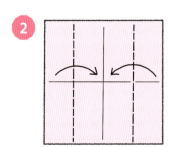

③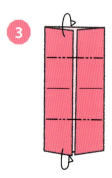
上下の端を中心線に合わせて裏側に折る。

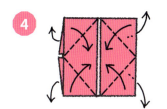
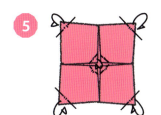
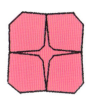

4 後ろの紙を引き出しながら4つの角を中心に合わせて折る。

5 4つの角を裏側に折る。

小花、完成。

小花をたくさん折り、台紙に貼って、あじさいの形を作りましょう。

葉

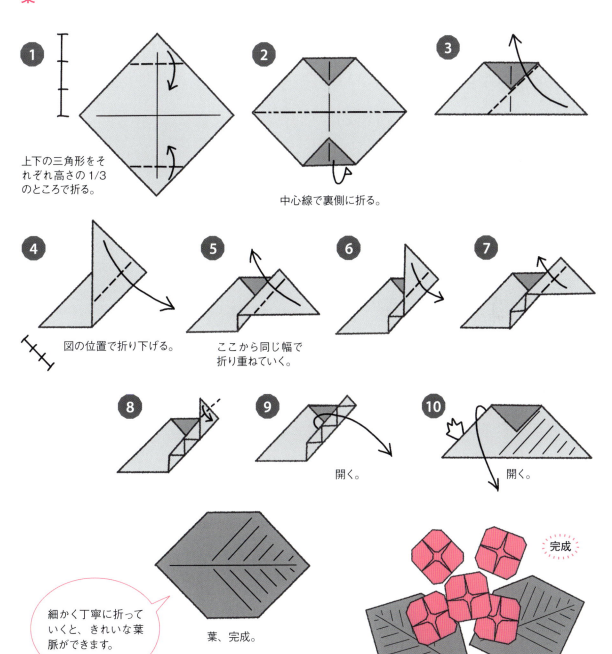

1 上下の三角形をそれぞれ高さの1/3のところで折る。

2 中心線で裏側に折る。

4 図の位置で折り下げる。

5 ここから同じ幅で折り重ねていく。

9 開く。

10 開く。

葉、完成。

細かく丁寧に折っていくと、きれいな葉脈ができます。

完成

夕涼み 写真 >> p.20

「子ども」の折り方 >> p.48
「草A」の折り方 >> p.52
「つたの葉」の折り方 >> p.84

 用紙：正方形1枚→15cm角で折ると長さ約15cm

①
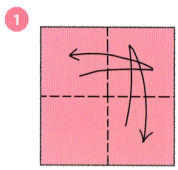
折りすじをつける。

②
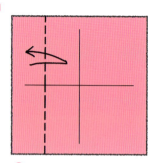
①で折った線に合わせて折りすじをつける。

③
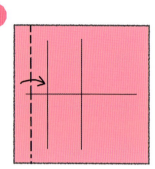
②で折った線に合わせて折る。

④
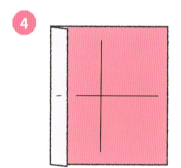

⑤
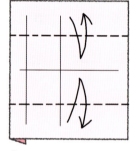
①で折った線に合わせて折りすじをつける。

⑥
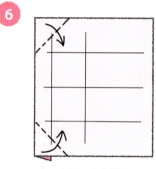
左の上下の角を折る。

⑦
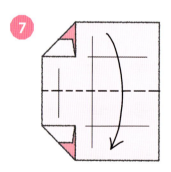

⑧
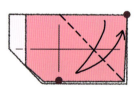
丸印を合わせるように折りすじをつける。

⑨
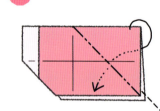
中割り折り。

⑩
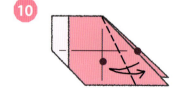
丸印を合わせるように折りすじをつける。

⑪
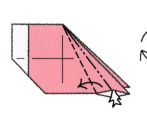
開いてつぶすように折る。

完成

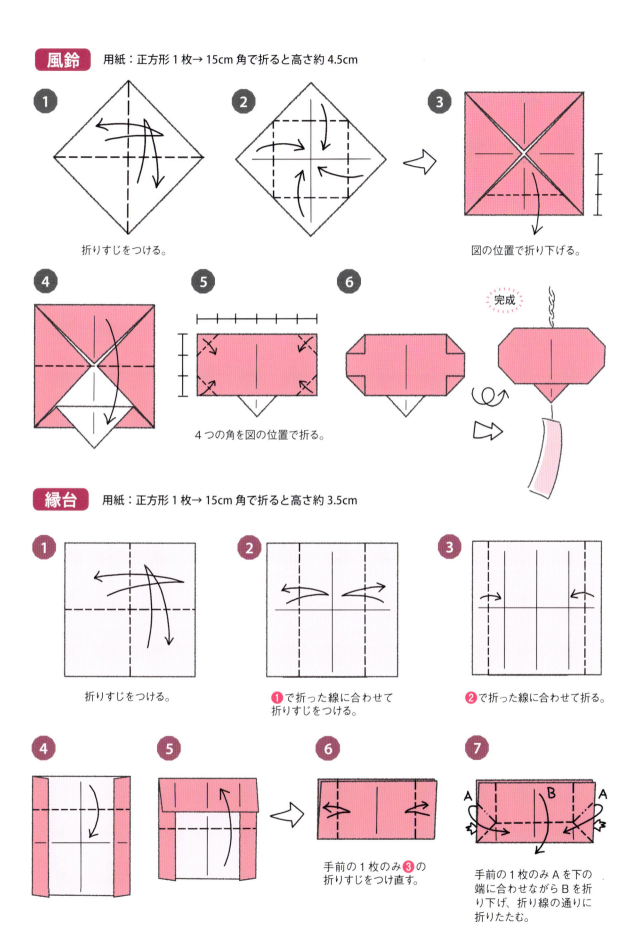

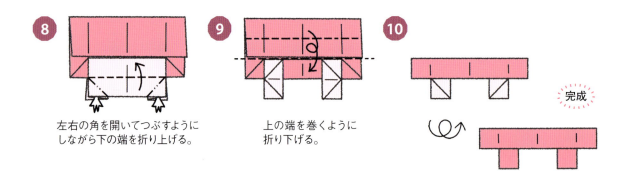

8	9	10
左右の角を開いてつぶすようにしながら下の端を折り上げる。	上の端を巻くように折り下げる。	完成

うちわ　用紙：正方形1枚→15cm角で折ると高さ約16cm

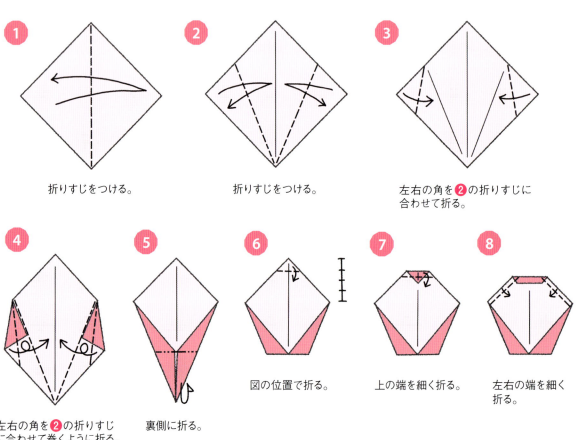

1	2	3
折りすじをつける。	折りすじをつける。	左右の角を❷の折りすじに合わせて折る。

4	5	6	7	8
左右の角を❷の折りすじに合わせて巻くように折る。	裏側に折る。	図の位置で折る。	上の端を細く折る。	左右の端を細く折る。

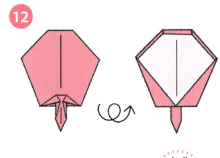

9	10	11	12
	図の位置で折り下げる。	折り下げた左右の角を開いてつぶすように折る。	完成

飾り七夕 写真 >> p.21　「子ども」の折り方 >> p.48

風船　用紙：正方形8枚→各7.5cm角で折って組み合わせると直径約15cm

1
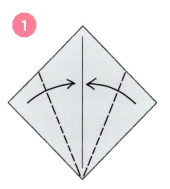
折りすじをつける。

2
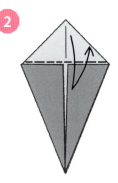
折りすじをつける。

3
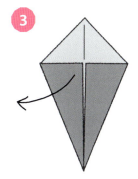
開く。同じものを8個作る。

4
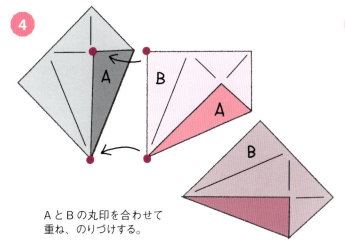
AとBの丸印を合わせて重ね、のりづけする。

5
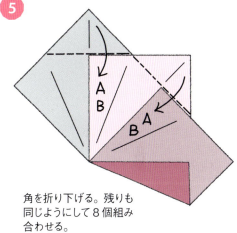
角を折り下げる。残りも同じようにして8個組み合わせる。

6
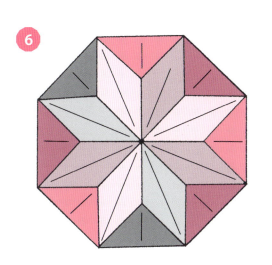

完成
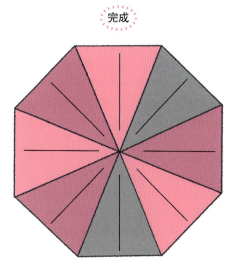

星B　用紙：正方形2枚→各15cm角で折って組み合わせると高さ約15cm

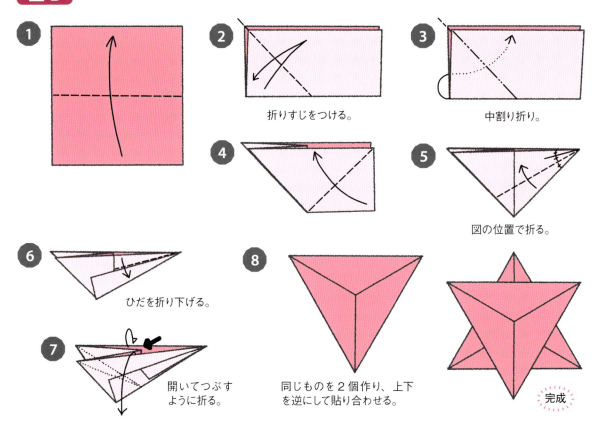

輪　用紙：正方形1枚→15cm角で折って組み合わせると高さ約10.5cm

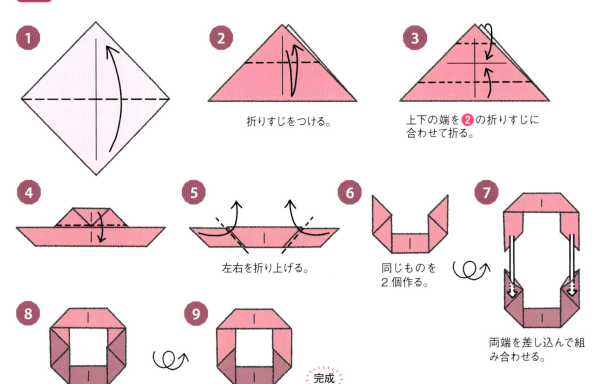

飾りA　用紙：正方形16枚→各7.5cm角で折って組み合わせると高さ約15cm

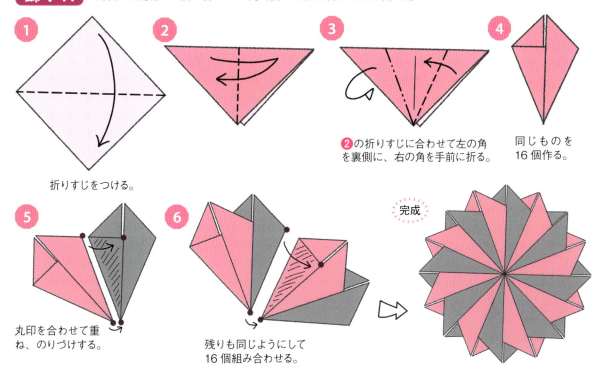

飾りB　用紙：正方形1枚→15cm角で折って組み合わせると高さ約10cm

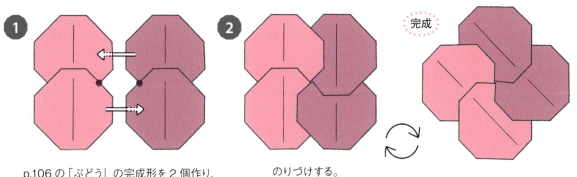

笹の葉　用紙：正方形1枚→15cm角で折ると高さ約15cm

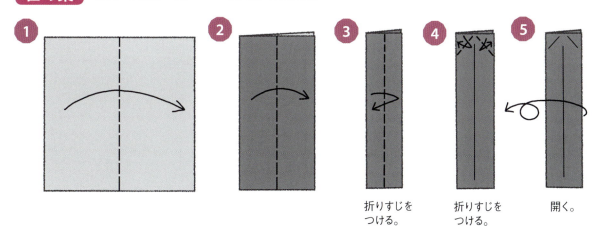

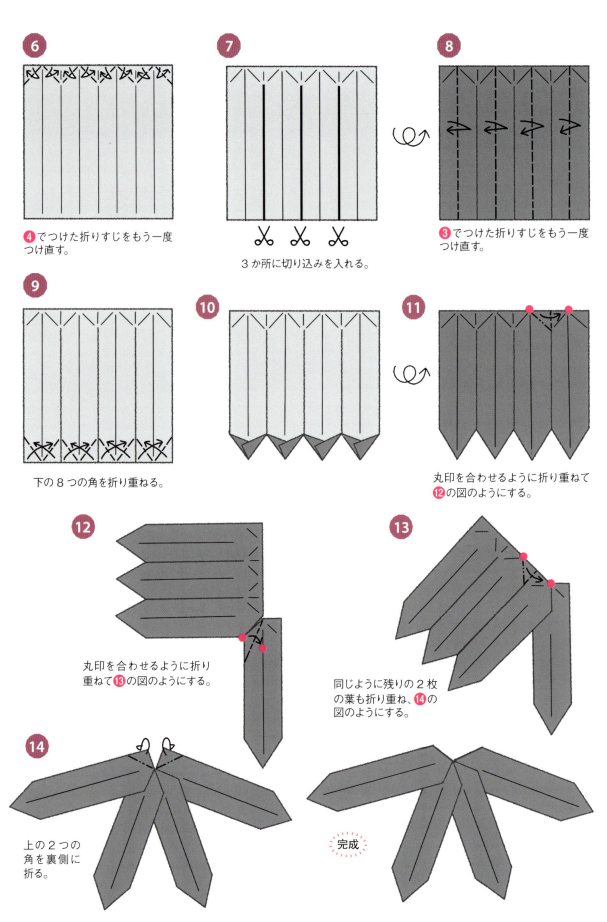

かみなり 写真 >> p.22

「子ども」の折り方 >>p.48 ／「風車」の折り方 >>p.50

いなづま　用紙：A〜Dすべて正方形1枚から図のように切り出す
→各15cm角から切り出した紙で折ると高さ13〜17cm

いなづまA・Bの用紙の切り方

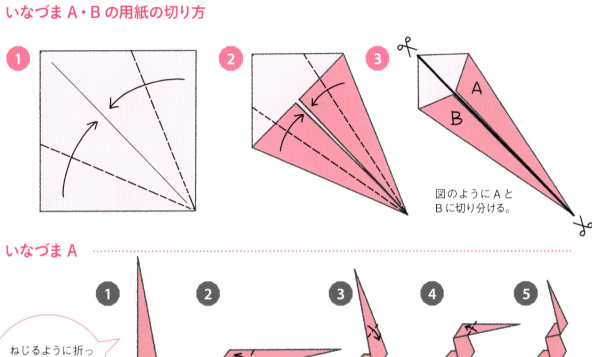

図のようにAとBに切り分ける。

いなづまA

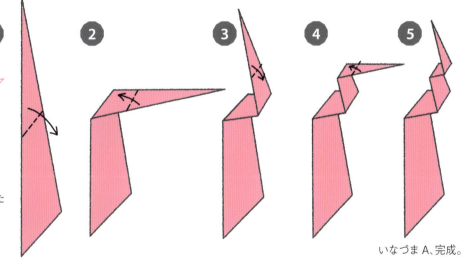

ねじるように折っていきます。角を折る位置や角度などは自由にアレンジして下さい。

上のAを裏返した状態から折る。

いなづまA、完成。

いなづまB

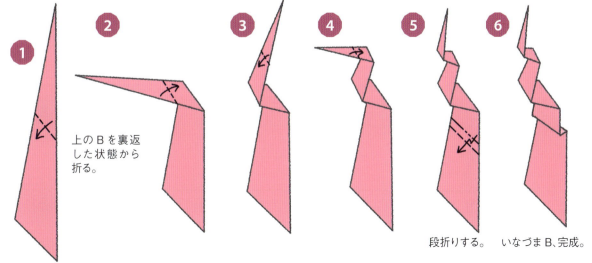

上のBを裏返した状態から折る。

段折りする。　いなづまB、完成。

95

いなづまC・Dの用紙の切り方

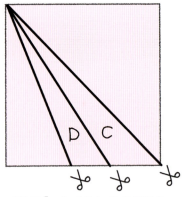

p.95の「いなづまA・Bの用紙の切り方」の❷の後、紙の向きを変えて、図のようにCとDを切り出す。

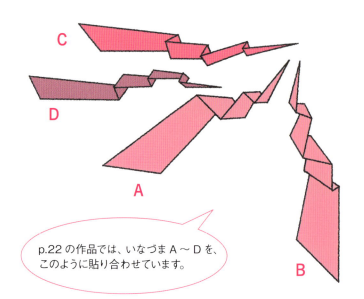

p.22の作品では、いなづまA〜Dを、このように貼り合わせています。

いなづまC

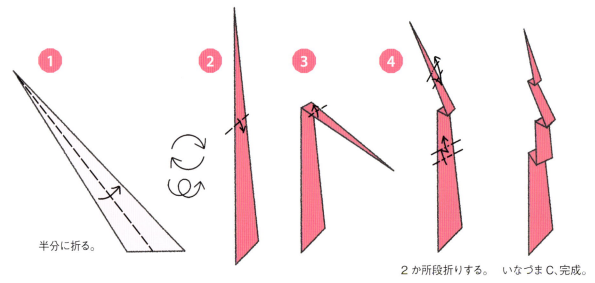

① 半分に折る。
②
③
④ 2か所段折りする。　いなづまC、完成。

いなづまD

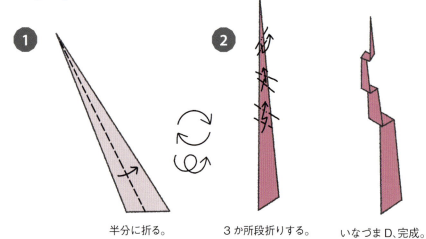

① 半分に折る。
② 3か所段折りする。　いなづまD、完成。

とうもろこしの葉　用紙：正方形1枚→7.5cm角で折ると長さ約9.5cm

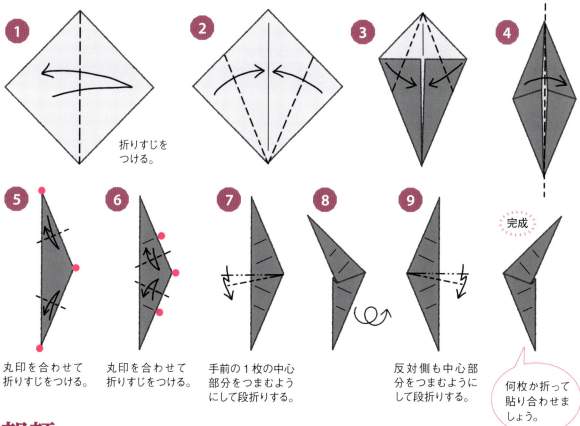

朝顔　写真 >> p.26

花　用紙：正方形1枚→7.5cm角で折ると高さ約5.5cm

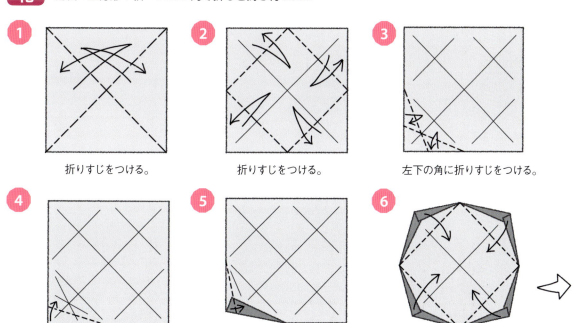

97

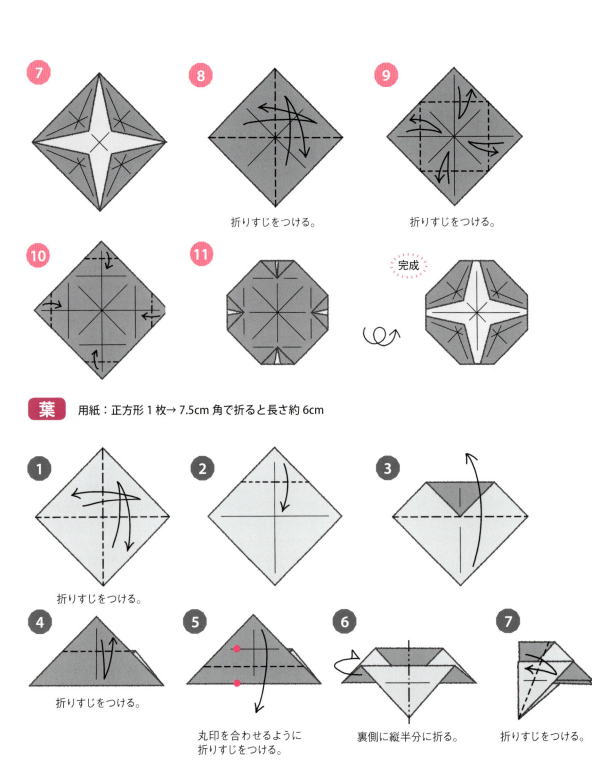

| | 折りすじをつける。 | 折りすじをつける。 |

完成

葉 用紙：正方形1枚 → 7.5cm角で折ると長さ約6cm

折りすじをつける。

折りすじをつける。

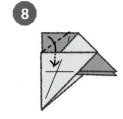

丸印を合わせるように折りすじをつける。

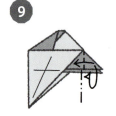

裏側に縦半分に折る。

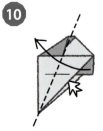

折りすじをつける。

手前の角は手前に、後ろの角は裏側に折る。

手前の1枚を折って開く。

完成

8月 川岸花火　写真 >> p.28

「子ども」の折り方 >> p.48
「風車」の折り方 >> p.50
「草A」の折り方 >> p.52

花火A　用紙：正方形4枚→15cm角で折って組み合わせると高さ約21cm

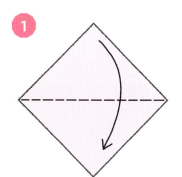

①

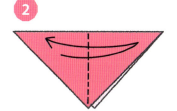

② 折りすじをつける。

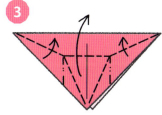

③ 2枚一緒に、左右の辺を上の端に合わせて引き寄せながら、折りすじの通りに折り上げる。

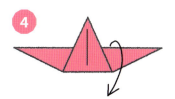

④ 折り下げて開く。

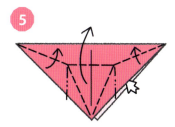

⑤ 手前の1枚だけ③と同様に折り上げる。

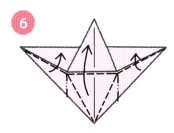

⑥ 後ろの1枚も③と同様に折り、⑤で折り上げた部分に重ねる。

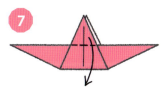

⑦ 手前の1枚だけ上の角を図の位置で折り下げる。

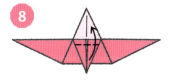

⑧ 少しずらした位置で折り上げる。

⑨ 左右の角を折り上げる。

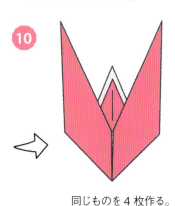

⑩ 同じものを4枚作る。

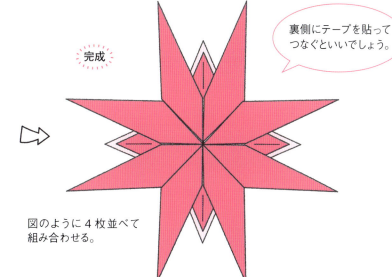

完成

図のように4枚並べて組み合わせる。

裏側にテープを貼ってつなぐといいでしょう。

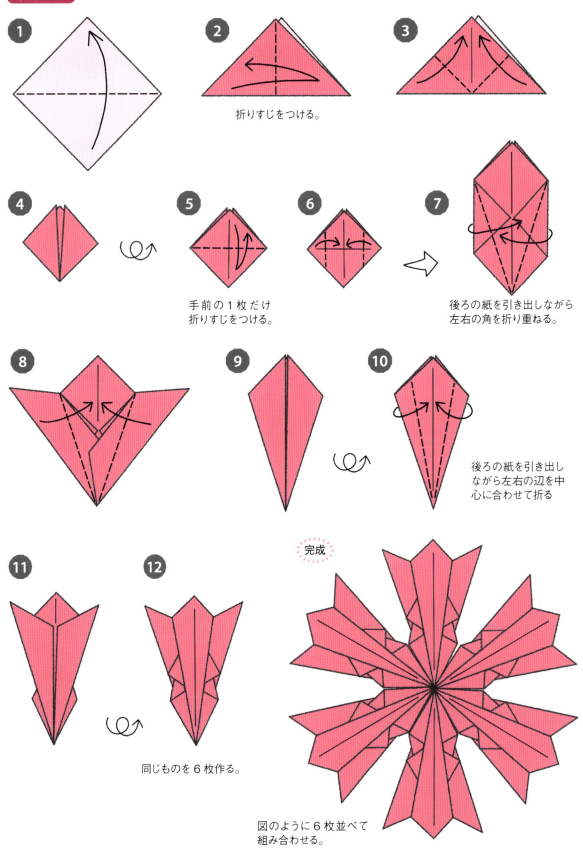

花火 C 用紙：正方形 8 枚 → 15cm 角で折って組み合わせると高さ約 40cm

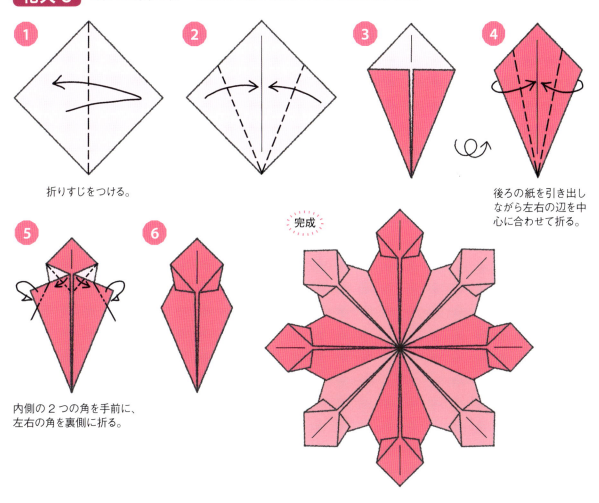

柳の葉 用紙：正方形 1 枚を 6 等分 → 15cm 角を 6 等分して折ると高さ 15cm

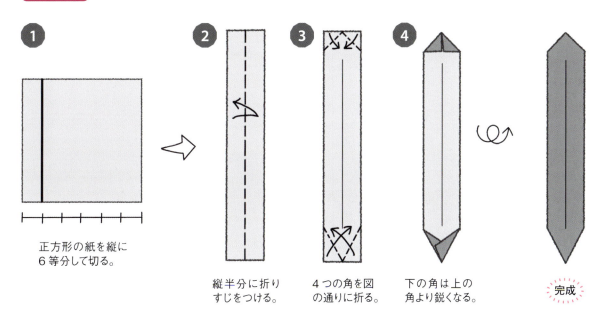

夢の島 写真 >> p.29

「子ども」の折り方 >>p.48 ／「風車」の折り方 >>p.50
「草A」の折り方 >>p.52 ／「太陽」の折り方 >>p.52

島の子ども
用紙：正方形2枚→顔と手、体を各15cm角で折って組み合わせると、高さ約15cm

女の子の顔と手

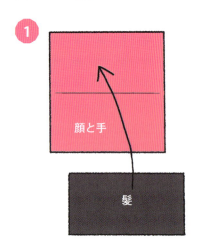

1. 黒い紙（髪用）を半分の大きさに切り、顔用の紙に貼る。

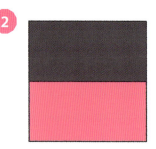

2. 紙を貼り合わせたところ。これを「女の子（顔と手）」（p.48）の❻までと同じように折る。

顔と手は茶色の紙にすると、日焼けした島の子どもらしくなりますよ。

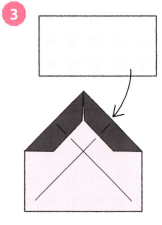

3. 水泳帽用として、髪用と同じ大きさの紙を用意し、裏返した状態で、❹のように顔の後ろに貼る。

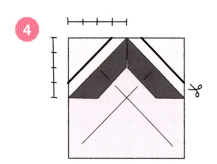

4. 水泳帽用の紙を図の位置で切る。

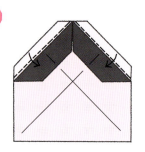

5. 水泳帽用の紙を図の位置で折り重ねる。

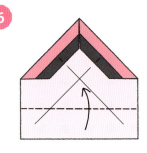

6. ここから「女の子（顔と手）」の❼～⓫までと同じに折る。

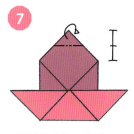

7. 頭の先を図の位置で裏側に折る。

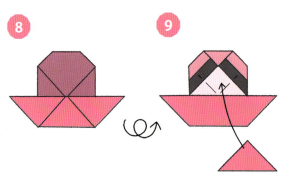

8.

9. 茶色の紙を顔の部分と同じ大きさに切り、顔に貼る。

10. 女の子の顔と手、完成。

女の子の体

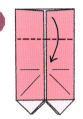 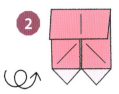 

1. 「体（共通）」（p.49）の完成から。図のように折り下げる。
3. 茶色の紙を足と同じ大きさに切って貼る。
4. 女の子の体、完成。

組み合わせ方

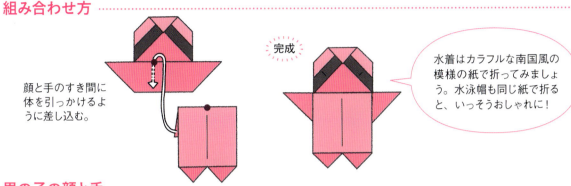

顔と手のすき間に体を引っかけるように差し込む。

完成

水着はカラフルな南国風の模様の紙で折ってみましょう。水泳帽も同じ紙で折ると、いっそうおしゃれに！

男の子の顔と手

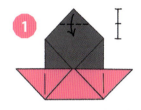 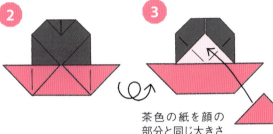 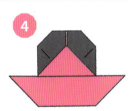

1. 「女の子（顔と手）」（p.48）の❶の後から。頭の先を図の位置で折る。
3. 茶色の紙を顔の部分と同じ大きさに切り、顔に貼る。
4. 男の子の顔と手、完成。

男の子の体

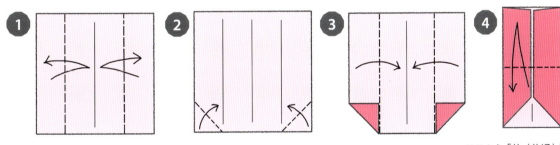

ここから「体（共通）」の❸〜完成と同じに折る。

5. 男の子の体、完成。

組み合わせ方

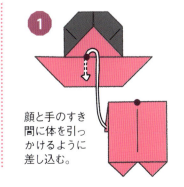  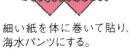 

1. 顔と手のすき間に体を引っかけるように差し込む。
2. 細い紙を体に巻いて貼り、海水パンツにする。

完成

ヤシの葉

用紙：正方形8枚→15cm角で折ると、1枚の葉の長さ約16cm

右半分の葉

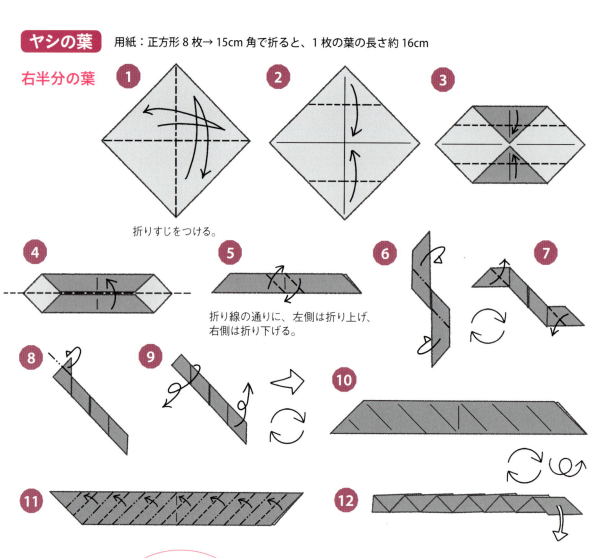

右半分の葉、完成。
右半分の葉と左半分の葉を4枚ずつ作って貼り合わせる。

幹は茶色の紙を細長く切ります。

左半分の葉

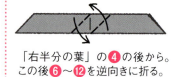

「右半分の葉」の❹の後から。この後❻〜⓬を逆向きに折る。

左半分の葉、完成。

雲

用紙：［ハートの雲］正方形1枚→15cm角で折ると高さ約5.5cm
　　　［細長い雲］正方形1枚→15cm角で折ると長さ約10.5cm

ハートの雲

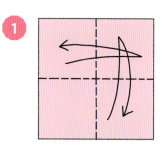

折りすじをつける。

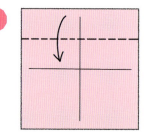

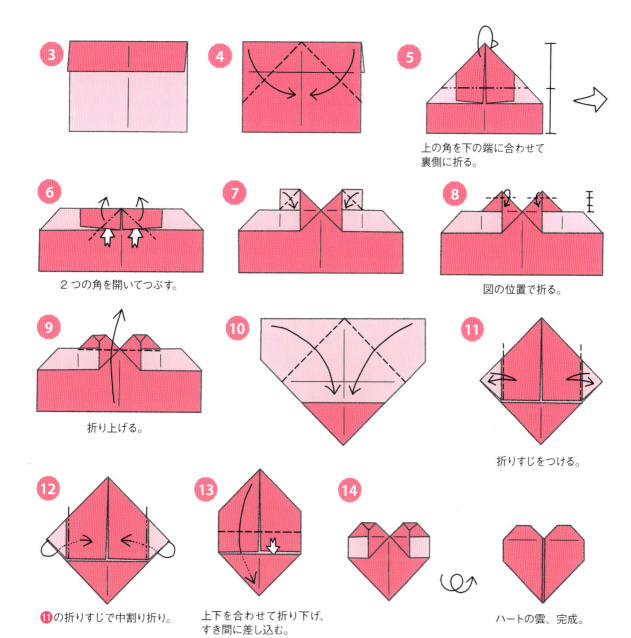

細長い雲

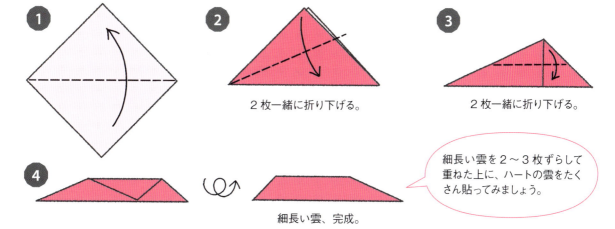

9月 新種のぶどう　写真 >> p.32

「子ども」の折り方 >>p.48
「風車」の折り方 >>p.50
「草A」の折り方 >>p.52
「つたの葉」の折り方 >>p.84

ぶどう　用紙：基本形1個は正方形を半分に切った紙1枚→7.5cm角を半分に切った紙で折ると高さ約5cm

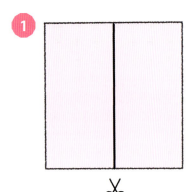

1. 正方形の紙を半分に切る。
2. 折りすじをつける。
3.
4.

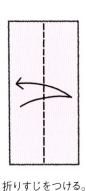

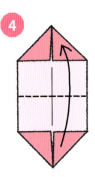

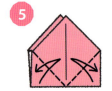

5. 折りすじをつける。

6. ❺の折りすじに合わせて中割り折り。

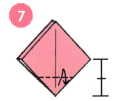

7. 図の位置で折りすじをつける。

8. 図の位置で巻くように折る。

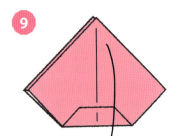

9. 手前の1枚を折り下げ、❿の形になるように中央部分を折りたたむ。

10. 6つの角を折る。

11.

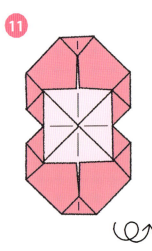

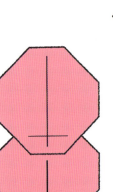

完成

基本形は2粒のぶどうがつながった形です。これをいくつか折って貼り合わせ、p.32のように輪にしたり、p.36のように房の形にしたりしましょう。

きのこ狩り 写真 >> p.33　「子ども」の折り方 >>p.48 ／「草A」の折り方 >>p.52

赤とんぼ　用紙：[体] 正方形1枚→ 15cm角で折ると長さ13cm
　　　　　　　　[羽] 正方形1枚→ 15cm角で折ると長さ13cm

体

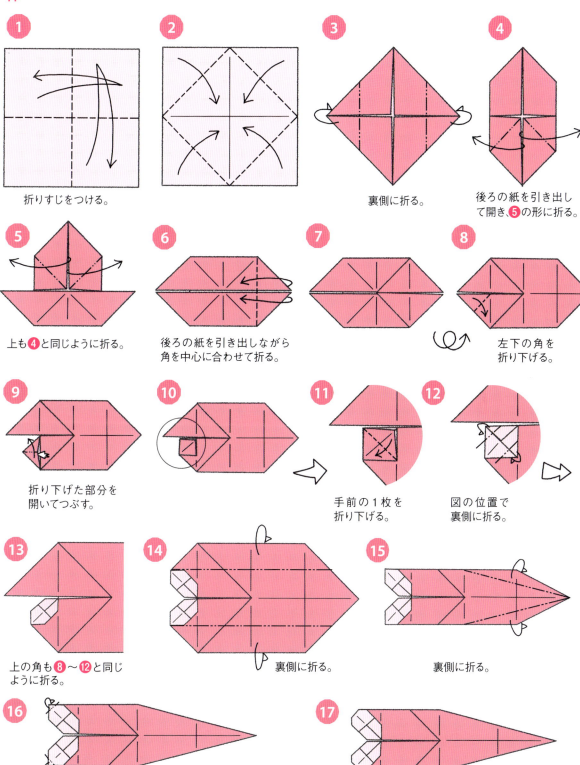

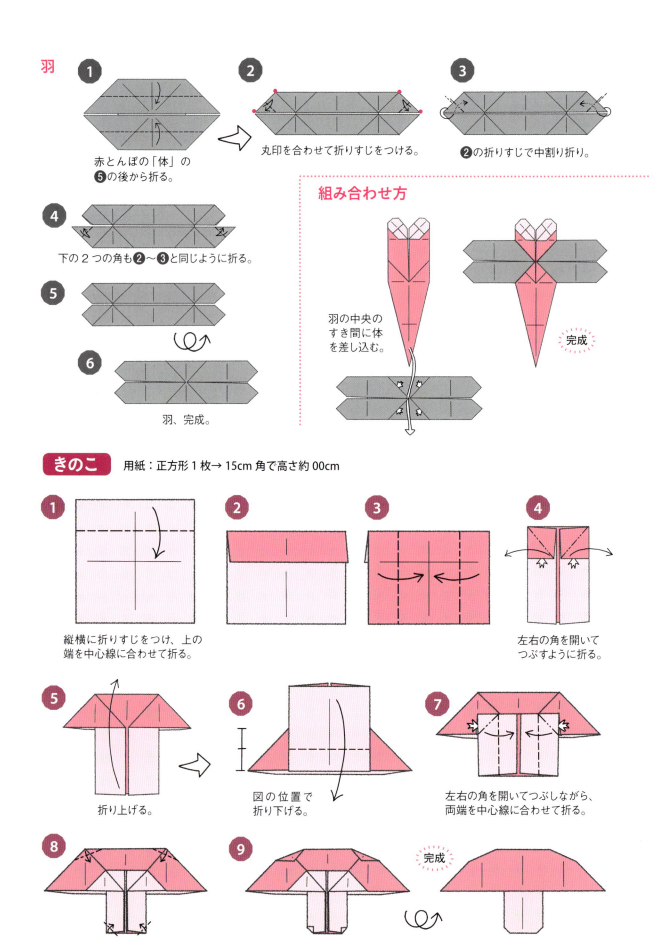

木F　用紙：［幹］正方形1枚→15cm角で折ると高さ15cm
　　　　　　　　［葉1枚］正方形1枚→7.5cm角で折ると長さ10.5cm

幹

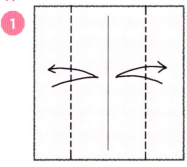

4等分の折りすじをつける。

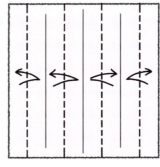

8等分の折りすじをつける。

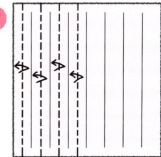

全体に16等分の折りすじをつける。

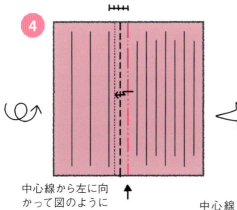

中心線から左に向かって図のように段折りしていく。

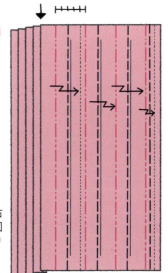

中心線から右に向かって図のように段折りしていく。

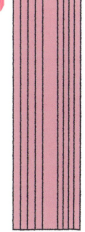

幹、完成。

木の葉A

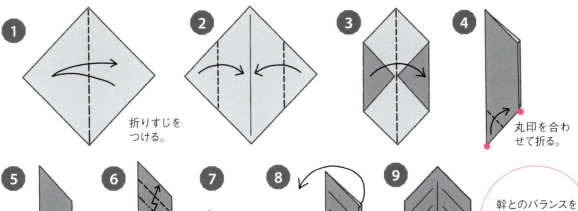

1. 折りすじをつける。
2.
3.
4. 丸印を合わせて折る。
5. 丸印を合わせて折りすじをつける。
6. ⑤の折り幅で段折りしていく。
7. 開く。
8. 開く。
9. 木の葉A、完成。

幹とのバランスを考えて、葉は小さめの紙で折る方がいいでしょう。

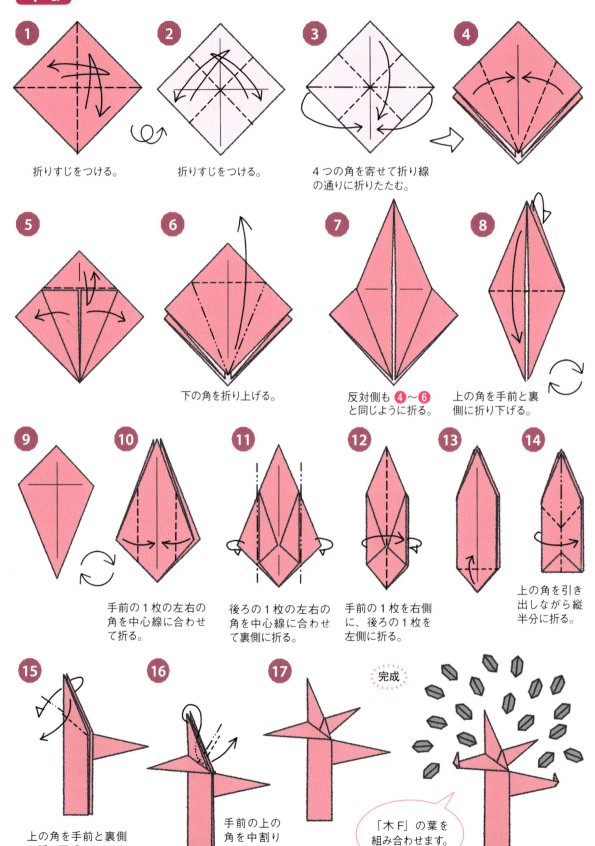

10月 秋の収穫　写真 >> p.34

「子ども」の折り方 >>p.48
「家C」の折り方 >>p.72

だいこん　用紙：正方形を3等分した紙1枚 → 15cm角を3等分した紙で折ると高さ約9.8cm

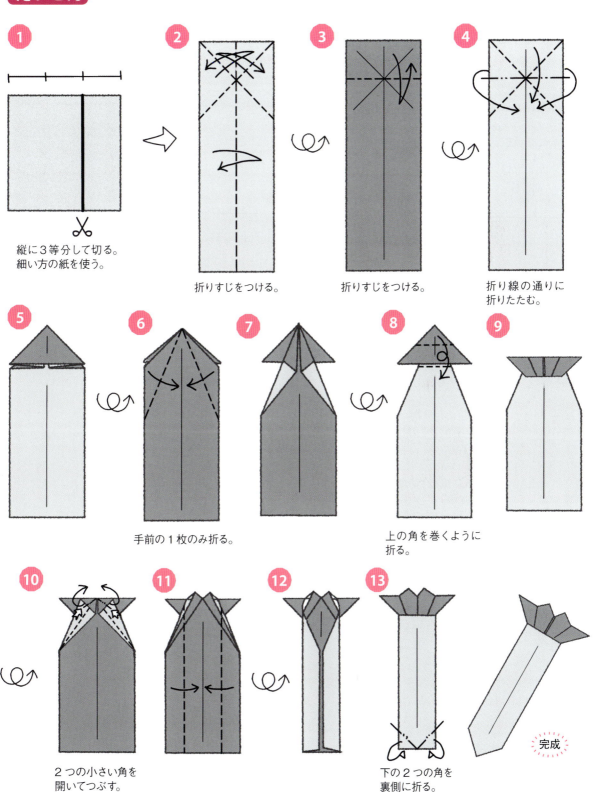

かぼちゃ 用紙：正方形1枚 → 15cm角で折ると高さ約7.5cm

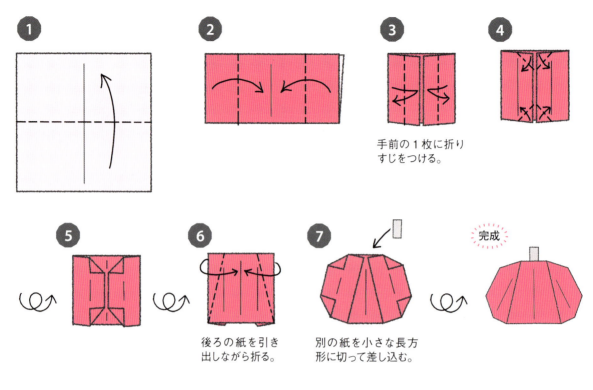

柿 用紙：正方形1枚 → 15cm角で高さ約11cm

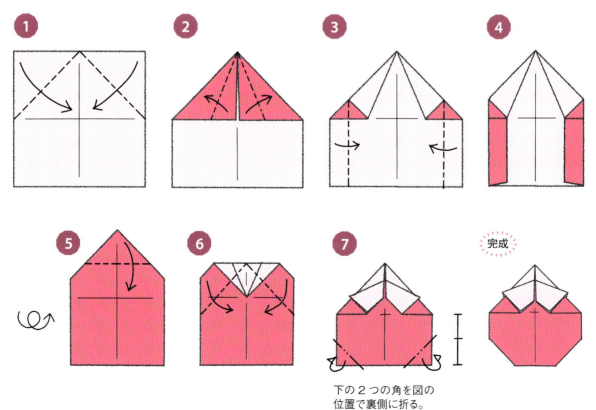

荷車

用紙：[荷台] 正方形1枚→ 15cm角で折ると長さ約11cm
　　　[引き手] 長方形1枚→ 7.5cm角を下図のように切った紙で折ると長さ約3.8cm
　　　[車輪] 正方形1枚→ 15cm角で折ると直径約7.5cm

荷台

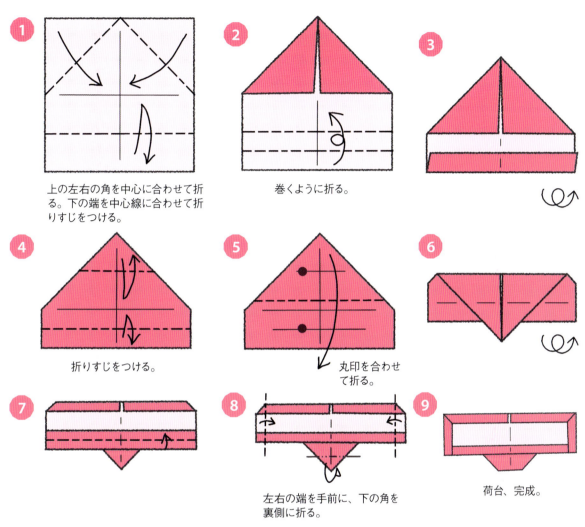

引き手

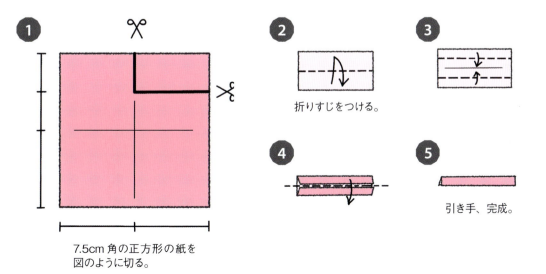

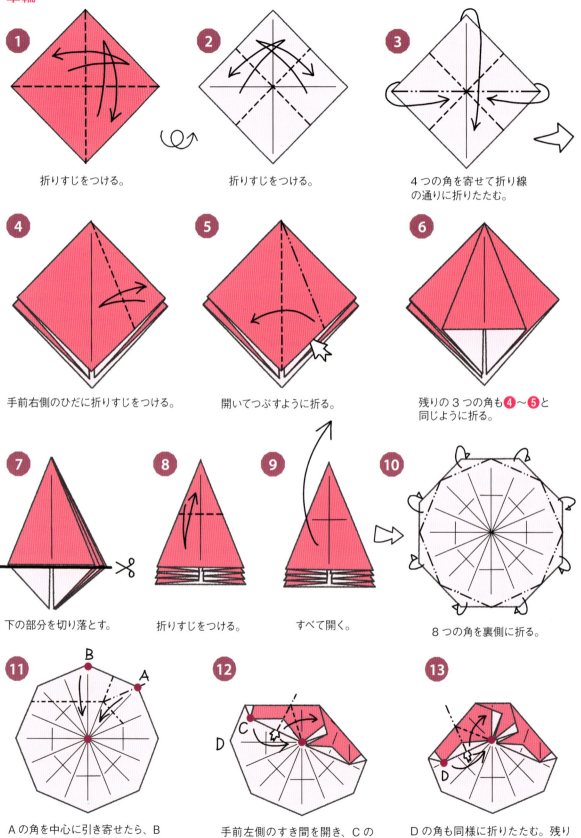

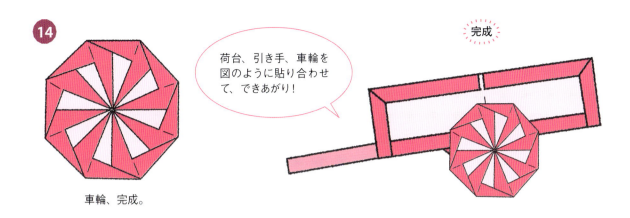

車輪、完成。

荷台、引き手、車輪を図のように貼り合わせて、できあがり！

完成

木H　用紙：正方形1枚→15cm角で折ると高さ約17.5cm

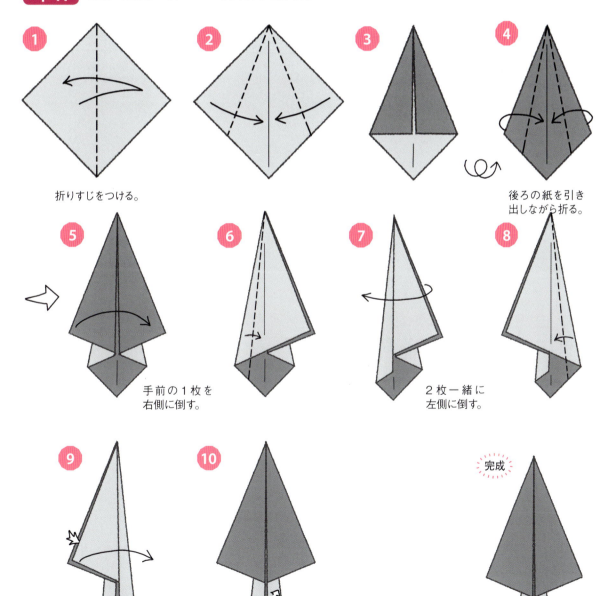

1 折りすじをつける。
2
3
4 後ろの紙を引き出しながら折る。
5 手前の1枚を右側に倒す。
6
7 2枚一緒に左側に倒す。
8
9 開く。
10 下の角を折り上げ、先を中に差し込む。
完成

落ち葉のささやき 写真 >> p.35

「子ども」の折り方 >>p.48
「風車」の折り方 >>p.50
「木の葉A」の折り方 >>p.109

もみじ 用紙：正方形1枚→ 15cm角で折ると高さ約11cm

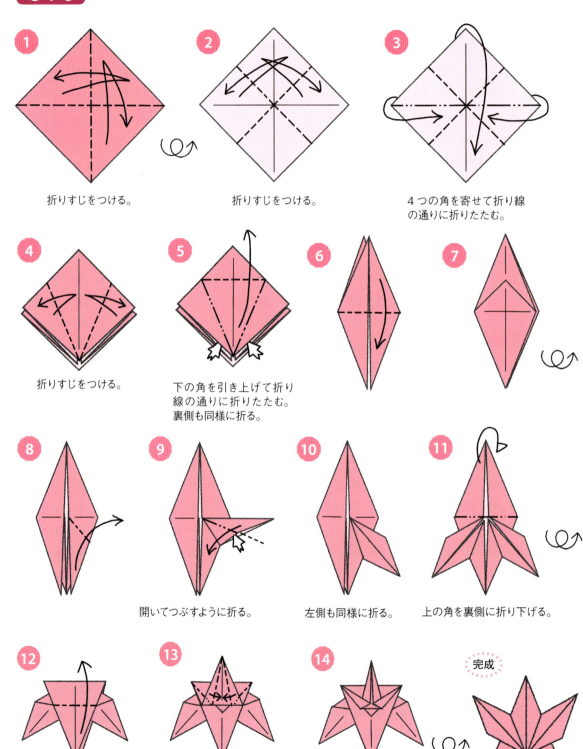

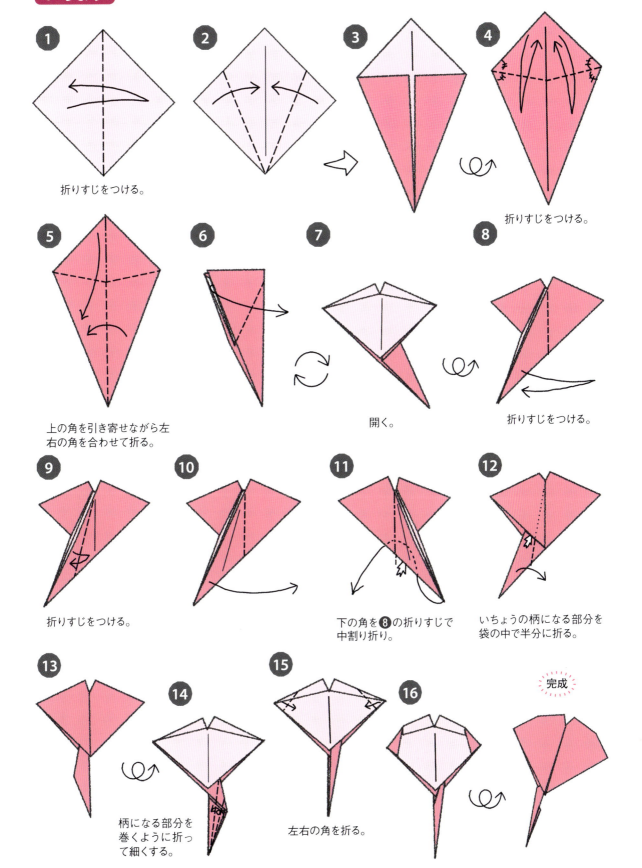

木の葉B　用紙：正方形1枚→15cm角で折ると高さ約16cm

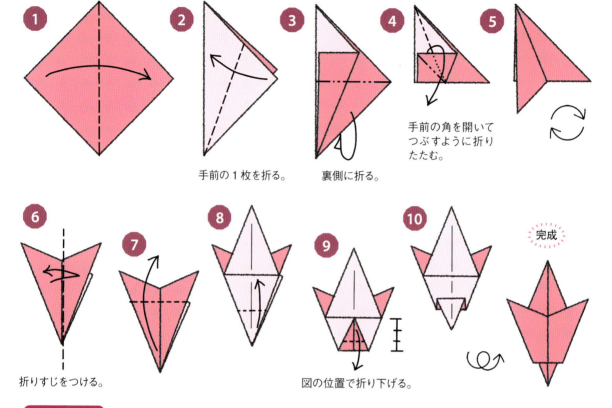

木の葉C　用紙：正方形1枚→15cm角で高さ約15cm

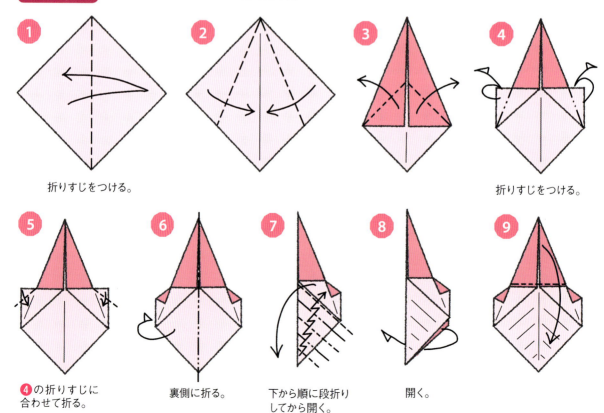

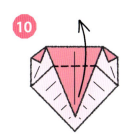

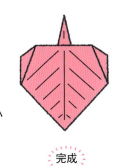

手前の左右を中心に引き寄せ、折り線の通りに折りたたむ。

完成

木の葉 D 用紙：正方形1枚 → 15cm角で折ると高さ約21cm

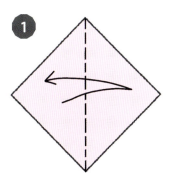
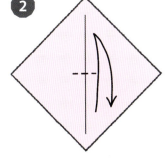
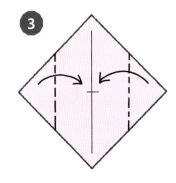

折りすじをつける。　　中心近くに軽く折りすじをつける。

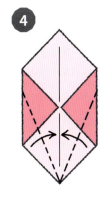
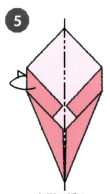

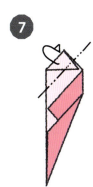
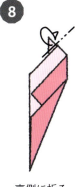

裏側に折る。　　　　　　　　　　　裏側に折る。　　裏側に折る。

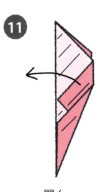
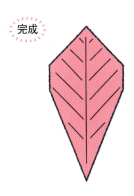

上から順に段折りする。　開く。　　　　開く。

完成

酉の市 写真 >> p.38

「子ども」の折り方 >> p.48
「お多福」の折り方 >> p.64
「星B」の折り方 >> p.92
「木の葉A」の折り方 >> p.109
「木G」の折り方 >> p.110

熊手 用紙：正方形を4等分した長方形9枚 → 15cm角の紙を4等分して折り、組み合わせると、高さ約30cm

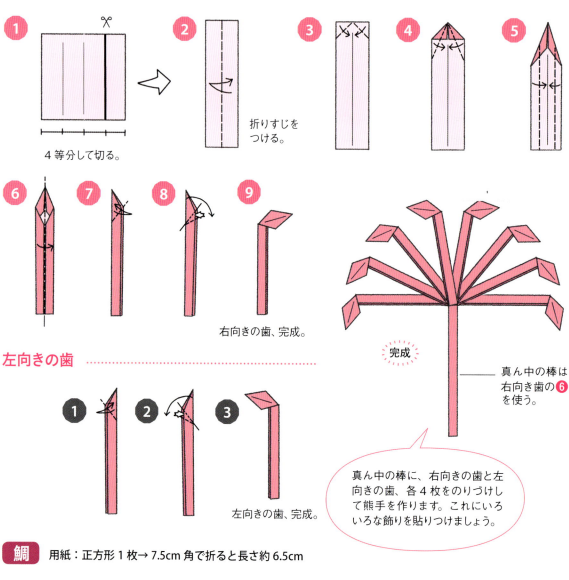

鯛 用紙：正方形1枚 → 7.5cm角で折ると長さ約6.5cm

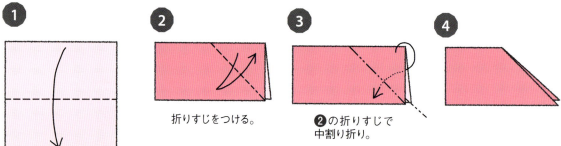

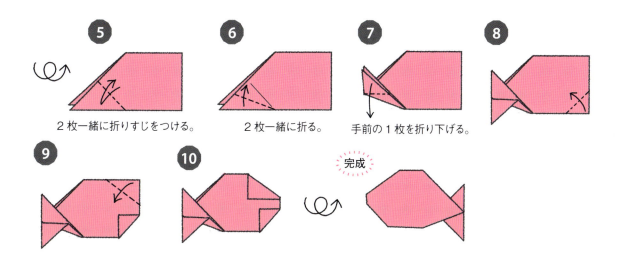

祝い鶴　用紙：正方形1枚→15cm角で折ると高さ約5.5cm

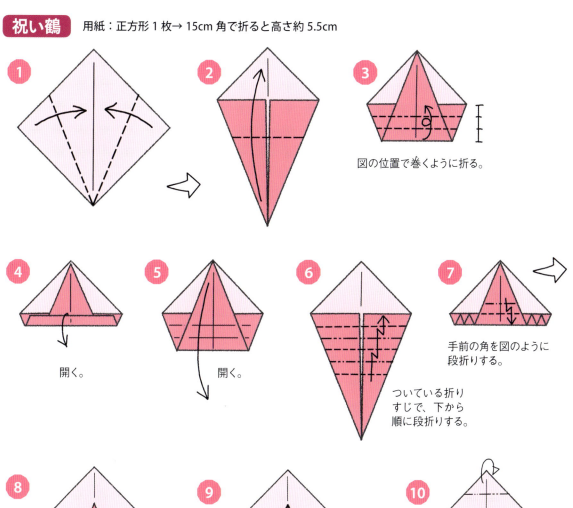

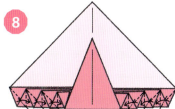

折り重なっている部分を外側から順に開いてつぶすように折っていく。

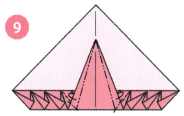

手前の部分の左右の縁を裏側に折りたたむ。

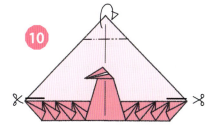

左右の角に図のように切り込みを入れる。上の角は裏側に折る。

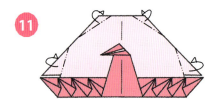
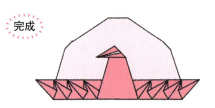

4つの角を図のように裏側に折り、丸みをつける。

完成

亀　用紙：正方形1枚→7.5cm角で折ると長さ約5.5cm

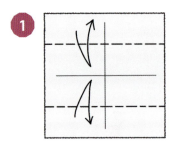

折りすじをつける。

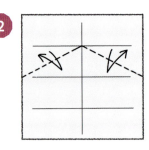

折りすじをつける。

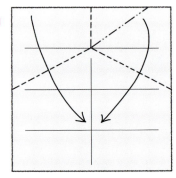

右上の山折り線の部分を引き寄せるようにして折りたたむ。

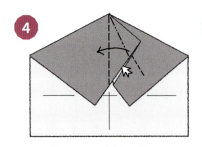

開いてつぶすように折る。

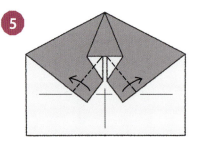

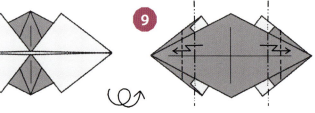

左右の角を段折りする。

下の部分も❸〜❻と同様に折る。

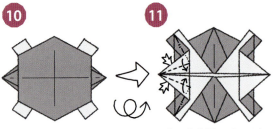

左の角を開いてつぶすように折りたたむ。

右の角も同じように折りたたむ。

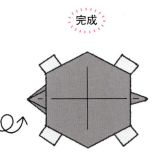

完成

小判 用紙：正方形1枚→7.5cm角で折ると高さ約7cm

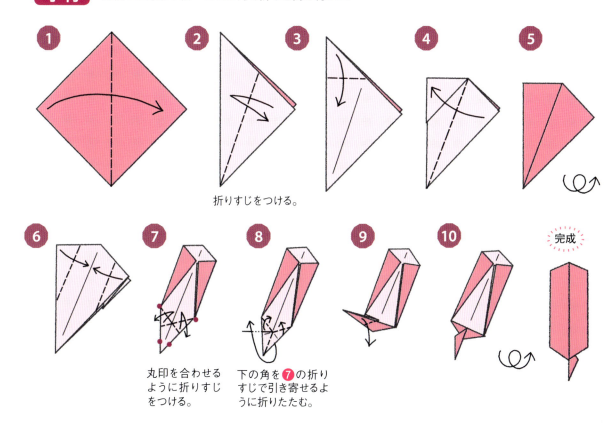

市松飾り 用紙：正方形2枚→各7.5cm角で折って組み合わせると高さ約5cm

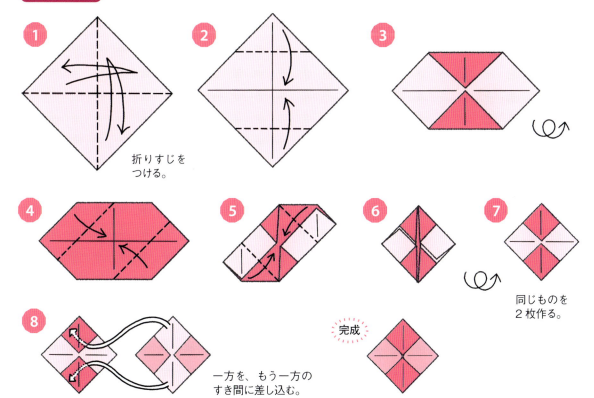

花の飾り

用紙：正方形1枚 → 15cm角で折ると高さ約7cm

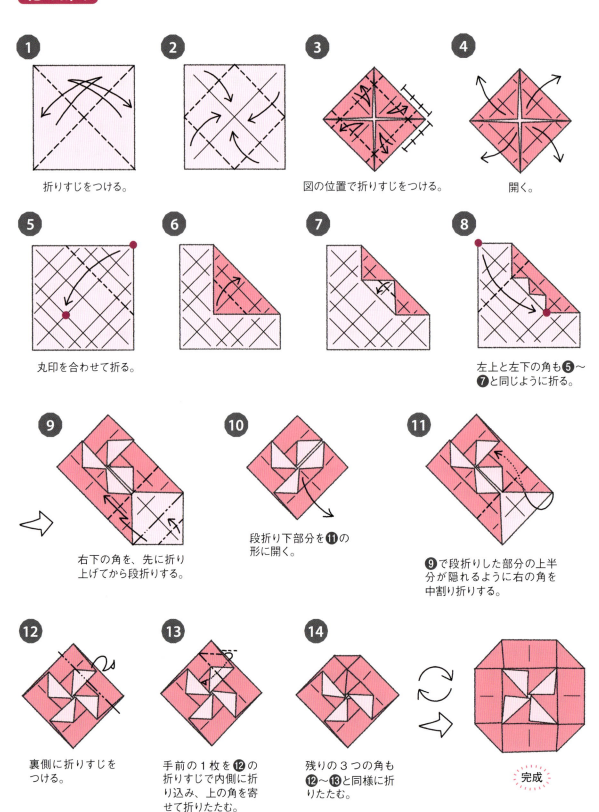

12月 クリスマス 写真 >> p.39　「星B」の折り方>>p.92

サンタクロース　用紙：頭と手、足は正方形1枚→各15cm角で折って組み合わせると、高さ約13cm

頭と手

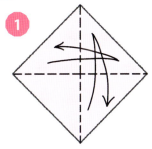
折りすじをつける。

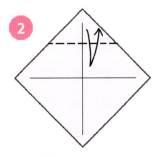
折りすじをつける。

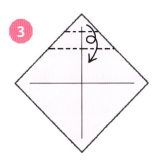
上の角を❷の折りすじに合わせて巻くように折る。

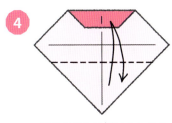
下の角を上の端に合わせて折りすじをつける。

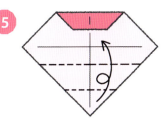
下の角を❹の折りすじに合わせて巻くように折る。

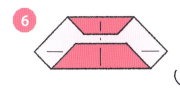

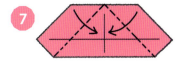

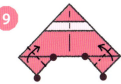
丸印を合わせて折る。

頭と手、完成。

足

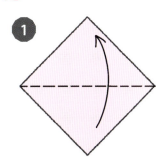

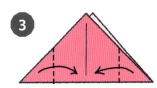
折りすじをつける。

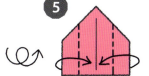
後ろの角を引き出しながら左右の辺を中心に合わせて折る。

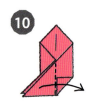
⑩ 手前の1枚を右に倒す。

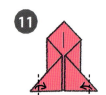
⑪

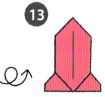
⑫

⑬ 足、完成。

完成
頭と手に足を差し込んでのりづけする。

サンタクロースの袋
用紙：正方形1枚→7.5cm角で折ると高さ約7.5cm

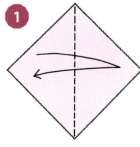
① 折りすじをつける。

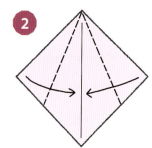
②

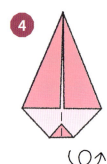
③ 図の位置で折り上げる。

④

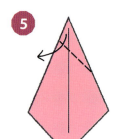
⑤

完成

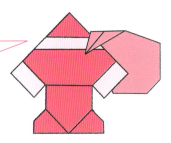
サンタクロースの肩に袋の先を引っかけるようにしてのりづけしましょう。
頭と手を15cm角の紙で折るとしたら、袋は7.5cm角にするとバランスがよくなります。

クリスマスツリー
用紙：正方形3枚→Aを15cm角とし、B、Cを下図のような大きさの紙で折って組み合わせると高さ約18cm

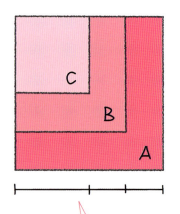
大きさが違う3枚の紙で折り、下から大きい順に組み合わせます。

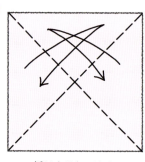
① 折りすじをつける。

②

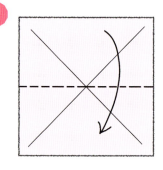

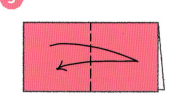
③

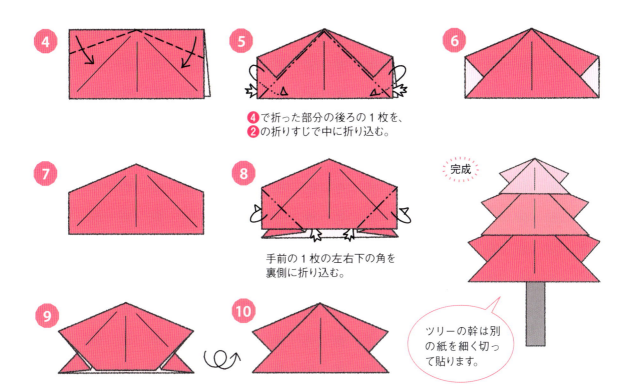

洋服の子ども

用紙：女の子、男の子とも各正方形2枚→顔と手、体を各15cm角で折って組み合わせると、背の高さ約15cm

男の子の体

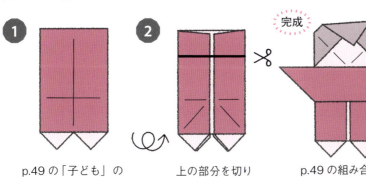

1. p.49の「子ども」の体（共通）から。
2. 上の部分を切り落とす。

完成 p.49の組み合わせ方のように、「男の子（顔と手）」に差し込む。

組み合わせ方を変えると、背の高さを変えたり、表情をつけたりできます。

女の子の体

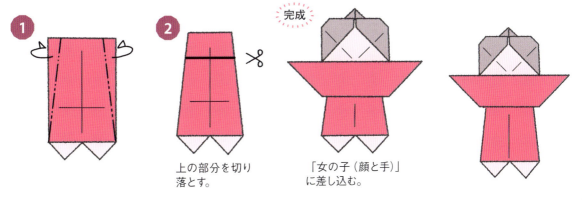

1.
2. 上の部分を切り落とす。

完成 「女の子（顔と手）」に差し込む。

著者プロフィール

朝日　勇（あさひ・いさむ）

1936 年、埼玉県生まれ。30 代の頃から折り紙を始め、多くの作品を創作。
折り紙講師としても豊富な経験を持ち、国内各地で指導にあたる。
1992 年、国際交流基金から西アフリカ4か国に「折り紙大使」として派遣。
日本折紙博物館、埼玉伝統工芸会館、川口グリーンセンター他で個展多数。
現在、日本折紙協会会員。読売・日本テレビ文化センター（大宮）講師。
サンフラワー折り紙友の会代表。
『作って飾ってたのしむ　すてきなメルヘンおりがみ』、『たのしいおりがみ百
科』、『大人のおりがみ絵本』（以上、パッチワーク通信社）、『おりがみで作
る壁面かざり 12 か月』、『おじいちゃんが、教えてくれた―折る紙 』（以上、
土屋書店）、『おりがみでお店やさんごっこ』（ブティック社）、『つくってかざろ
う！　きせつのおりがみ（全 4 巻）』（共著　学研教育出版）、他、著書多数。
「おりがみ通信」（パッチワーク通信社）、「月刊 Piccolo」（学研）、「月刊ひ
ろぱ」（メイト）に毎号執筆。

本書の内容の一部あるいは全部を無断で複写複製（コピー）することは、
法律で認められた場合を除き、著作者および出版社の権利の侵害となりま
すので、その場合は予め小社あて許諾を求めて下さい。

はり絵折り紙 12 か月
子ども達が遊ぶ懐かしい風景　　　●定価はカバーに表示してあります

2018 年 7 月 30 日　初版発行

著　者　　朝日　勇
発行者　　川内長成
発行所　　株式会社日貿出版社

東京都文京区本郷 5-2-2　〒 113-0033
電話　（03）5805-3303（代表）
FAX（03）5805-3307
振替　00180-3-18495

印刷　株式会社シナノパブリッシングプレス
写真撮影　松岡伸一
装丁・本文デザイン　新井美樹
協力・応用作例制作　富樫泰子
ⓒ2018 by Isamu Asahi / Printed in Japan
落丁・乱丁本はお取替えいたします。

ISBN978-4-8170-8252-7　http://www.nichibou.co.jp/